KOREAN MATE

한국어 메이트

1

교재 구성표

과	어휘 및 표현	문법	발음	한국 이야기
한글				
01	나라, 직업, 물건	명입니다/입니까? 명은/는 명이/가 아닙니다 명이/가	비슷한 발음을 가진 단어 구분하기	서울
02	물건, 가족 구성원	이 명, 그 명, 저 명 명의 명도 명이/가 있습니다/없습니다/ 있습니까?/없습니까?	지하철역 이름	콩글리시
03	형용사, 동사	형 동-ㅂ/습니다, 형 동-ㅂ/습니까? → 명이/가 형-ㅂ/습니다 명을/를	ㅂ 비음화 받침 뒤 연결되는 'ㅅ'	편의점 문화
04	장소, 위치	명에 ① 명와/과(= 하고) 안 형 동-ㅂ/습니다 형 동-지 않습니다	받침 + ㅇ	대한민국 출입국 관리 사무소
05	장소, 교통수단, 가는 길	명에서 → 명에 vs 명에서 명(으)로 동-아/어/해서 ①	역 → 녁	지역 특산물과 명물 음식
1-5과 복습				
06	하루 일, 숫자, 시간 표현	명에 ② 형 동-아/어/해요, 명예요/이에요 ㄷ 불규칙	받침 음절[ㄷ] + ㄱ, ㄷ, ㅂ, ㅅ, ㅈ	생활 스타일
07	주말 활동, 형용사, 날짜 표현	형 동-았/었/했어요, 명였/이었어요 형 동-고, 명(이)고 ㅡ 탈락	달 이름	주말 활동
08	음식, 맛, 한국 화폐, 가격, 단위 명사	ㅂ 불규칙 동-고 싶다, 동-고 싶어 하다 형 동-지요?, 명(이)지요?	'몇'의 다양한 발음	식당 문화

교재 구성과 사용법

어휘 및 표현

제시된 오디오 트랙엔 한 과의 모든 단어, 문법 예시문, 발음 연습, 대화문이 들어있습니다.

과 주제와 연관된 가장 중요하고 일상적인 단어와 표현을 제시합니다.

문법

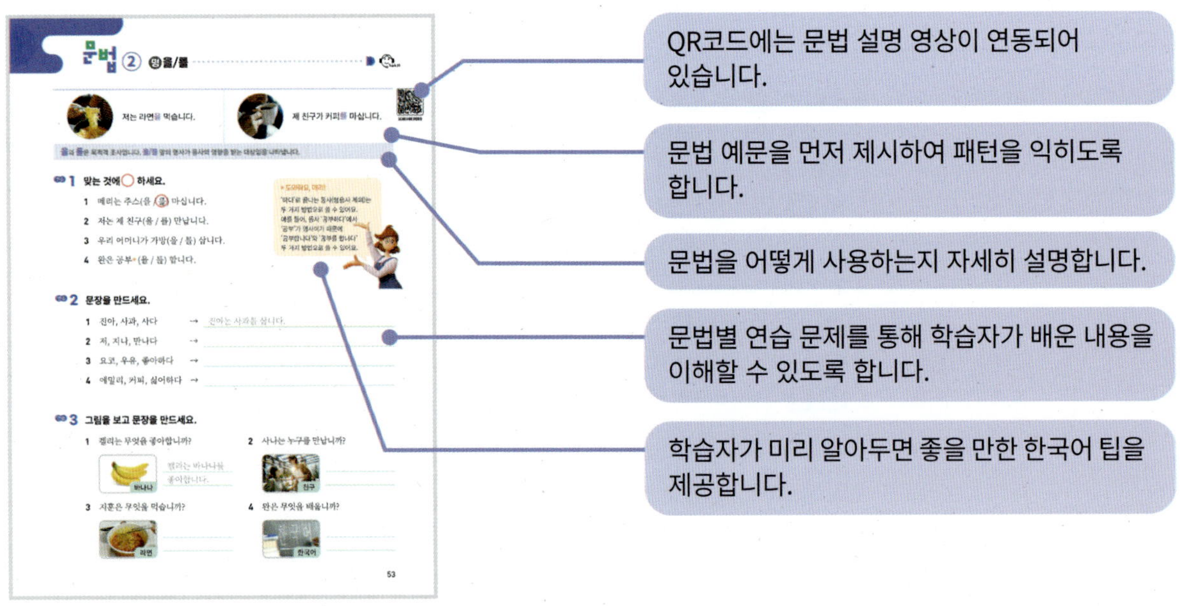

QR코드에는 문법 설명 영상이 연동되어 있습니다.

문법 예문을 먼저 제시하여 패턴을 익히도록 합니다.

문법을 어떻게 사용하는지 자세히 설명합니다.

문법별 연습 문제를 통해 학습자가 배운 내용을 이해할 수 있도록 합니다.

학습자가 미리 알아두면 좋을 만한 한국어 팁을 제공합니다.

대화문

시리즈의 등장인물이 나누는 대화를 통해 과의 문법 요소를 확인할 수 있습니다.

대화문을 재미있게 할 다채로운 삽화가 함께 제시됩니다.

레벨에 맞는 읽기 문제가 제시되어 학습자가 읽은 내용을 생각할 수 있도록 합니다.

말하기

예시 대화문을 통해 완전한 문장을 만들고 패턴을 익힐 수 있도록 합니다.

발음

학습에 필수적인 발음 연습과 발음 규칙이 제시됩니다.

발음 규칙이 적용되는 단어, 구와 함께 발음이 제시됩니다.

잰말놀이(tongue twister)로 발음을 재미있게 연습하도록 합니다.

듣기

듣기 문제를 통해 과의 문법과 단어를 함께 확인합니다.

글과 연습 문제를 통해 기본 읽기 실력을 쌓을 수 있습니다.

쓰기 연습을 통해 비판적 사고와 글쓰기 실력을 키울 수 있습니다.

읽기와 쓰기

한국 이야기

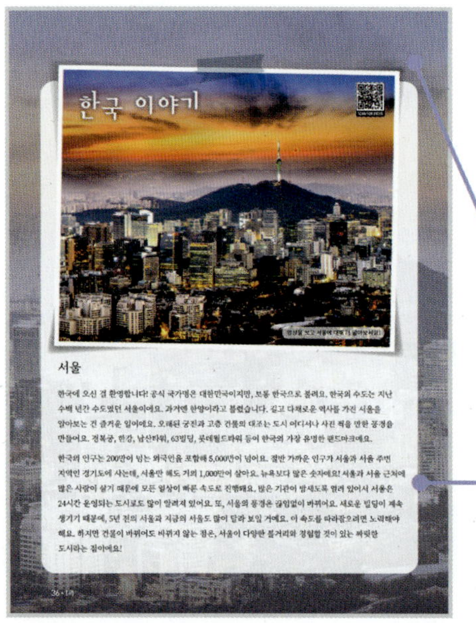

QR코드에는 문화 요소에 대한 생각을 확장할 수 있는 짧은 영상이 연동되어 있습니다.

과 주제와 관련 있는 문화 요소가 제시됩니다. 콩글리시, 놀이공원, 높임말 등 다양한 주제를 다룹니다.

한글은 세종대왕이 15세기에 창제한 이후 한국어를 쓰기 위해 사용되어 왔습니다.
한글은 다음으로 구성됩니다.

자음 19개 [기본 자음 10개, 격음 자음 4개, 경음 자음 5개]

ㄱ	ㄴ	ㄷ	ㄹ	ㅁ	ㅂ	ㅅ	ㅇ	ㅈ	ㅎ
[g/k]	[n]	[d/t]	[l/r]	[m]	[b/p]	[s]	[Ø/ng]	[j]	[h]
ㅋ		ㅌ			ㅍ			ㅊ	
[k]		[t]			[p]			[ch]	
ㄲ		ㄸ			ㅃ	ㅆ		ㅉ	
[kk]		[tt]			[pp]	[ss]		[jj]	

모음 21개 [기본 모음 10개, 이중 모음 11개]

ㅏ	ㅓ	ㅗ	ㅜ	ㅡ	ㅣ		ㅐ	ㅔ
[a]	[eo]	[o]	[u]	[eu]	[i]		[ae]	[e]
ㅑ	ㅕ	ㅛ	ㅠ	ㅢ			ㅒ	ㅖ
[ya]	[yeo]	[yo]	[yu]	[ui]			[yae]	[ye]
ㅘ	ㅝ			ㅚ	ㅟ	ㅙ	ㅞ	
[wa]	[wo]			[oe]	[wi]	[wae]	[we]	

한국어 음절은 다음 3개 중 하나의 구조를 갖습니다.

모음(Vowel)	V	ㅏ → 아★
자음(Consonant) + 모음	CV	ㄱ + ㅏ → 가
자음 + 모음 + 자음 + (자음)	CVC or CVCC	ㄱ + ㅏ + ㅇ → 강 ㄷ + ㅏ + ㄹ + ㄱ → 닭

★ 모음은 혼자 제시될 수 없습니다. 완전한 글자처럼 보이도록 'ㅇ'을 추가하여 '아', '여' 형태로 제시해야 합니다. 음절의 시작 부분에 있는 'ㅇ'은 빠진 부분만 대체하며 아무 소리도 내지 않습니다.

1 모음 ① 

연습 1 그림을 보고 각 모음의 입 모양을 학습하세요.

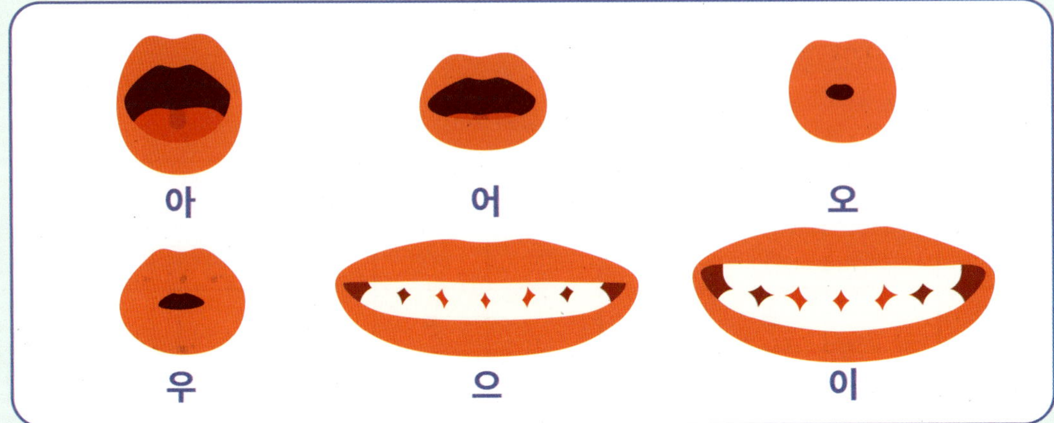

연습 2 읽고 쓰세요.

ㅏ	ㅓ	ㅗ	ㅜ	ㅡ	ㅣ
a	eo	o	u	eu	i
아	어	오	우	으	이
아					

★ 한국어 자모음은 위에서 아래로, 왼쪽에서 오른쪽으로 씁니다.

연습 3 읽고 쓰세요.

2 자음 ①

연습 1 그림을 보고 혀나 입 모양을 따라 하고 연습하세요.

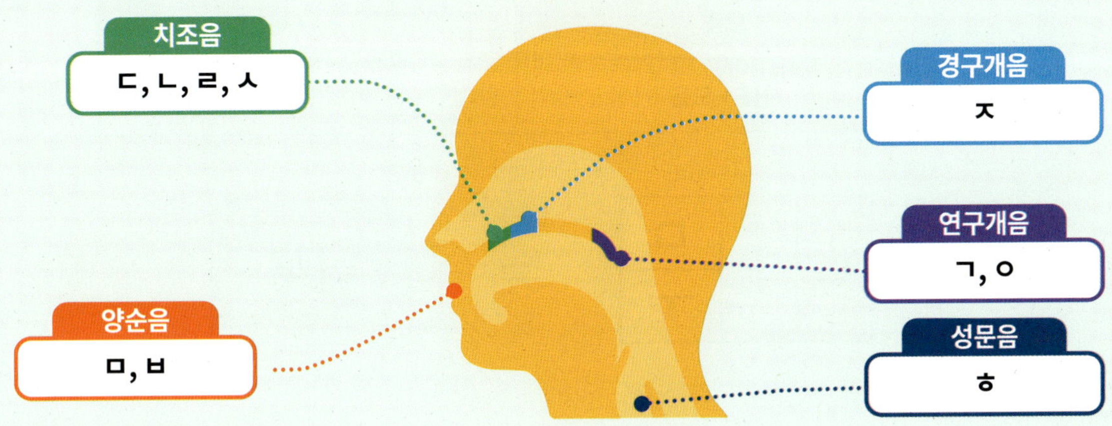

연습 2 읽고 쓰세요.

ㄱ	ㄴ	ㄷ	ㄹ	ㅁ	ㅂ	ㅅ	ㅇ	ㅈ	ㅎ
g/k	n	d/t	l/r	m	b/p	s	ø/ng	j	h

- '**ㄹ**'은 영어의 R이나 L과 같지 않고, 둘이 합쳐진 소리입니다. 혀의 끝부분이 이 바로 뒷부분을 건드리면서 납니다. 영어 단어 little이 한국어 목적격조사 '를'의 입 모양과 가장 비슷합니다.

- '**ㅅ**'은 보통 [s] 소리로 발음되지만, 뒤에 'ㅣ', 'ㅑ', 'ㅛ', 'ㅐ', 'ㅞ'가 올 경우 [sh] 소리가 납니다. 하지만 공식 로마자 표기에서 h는 쓰지 않습니다.

- '**ㅇ**'는 자음이지만 '강남(Gangnam)'과 같이 받침으로 들어갈 때만 [ng] 소리를 냅니다.

자음 + 모음

모음	ㅏ → 아
자음 + 모음	ㄱ + ㅏ → 가

ㄴ ㅏ 무 = 나무

연습 1 쓰고 읽으세요.

자음＼모음	ㅏ	ㅓ	ㅗ	ㅜ	ㅡ	ㅣ
ㄱ	가	거	고	구	그	기
ㄴ		너				
ㄷ			도		드	
ㄹ		러		루		
ㅁ						
ㅂ	바					비
ㅅ						
ㅈ			조			
ㅎ						

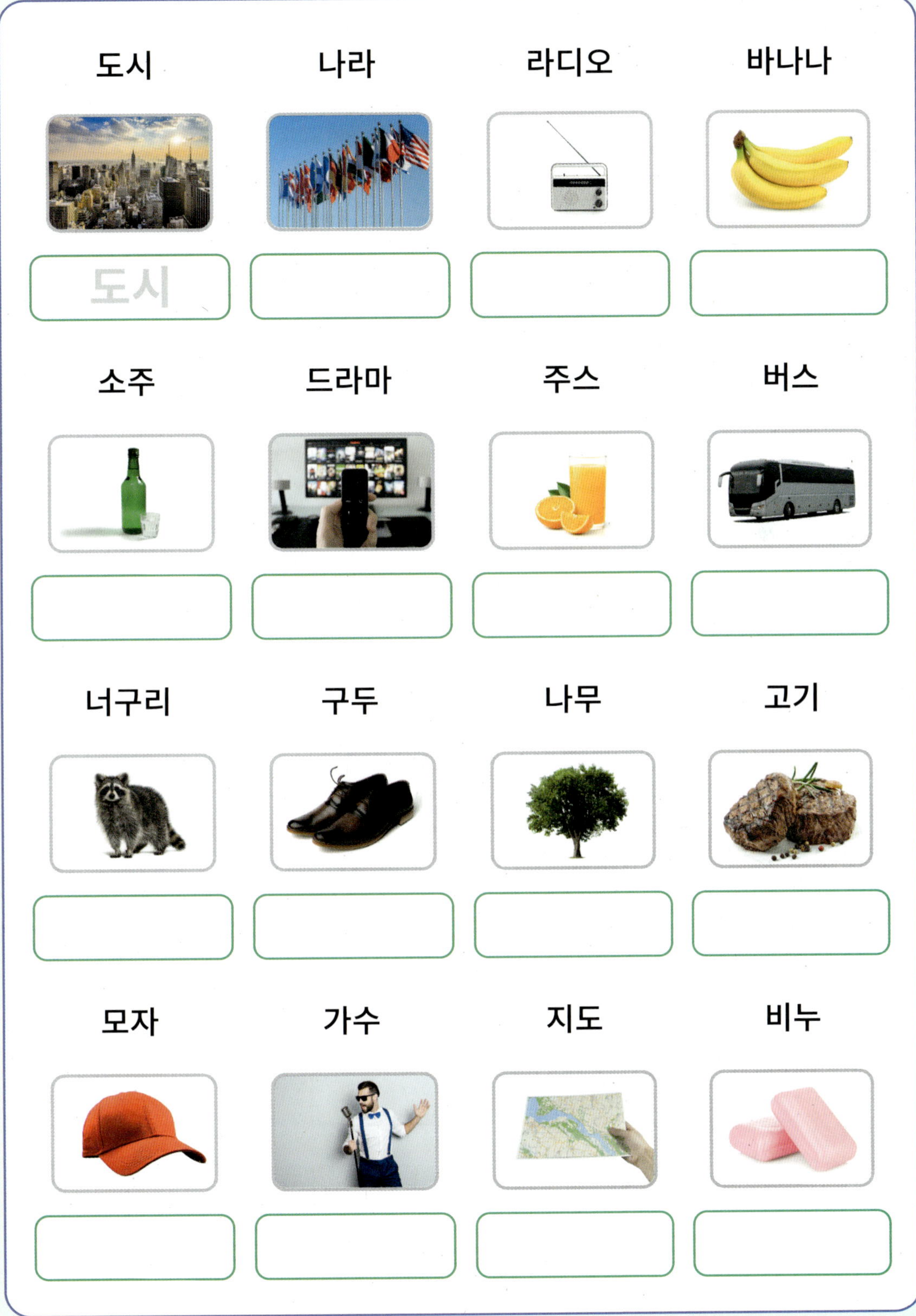

도시
나라
라디오
바나나
도시
소주
드라마
주스
버스
너구리
구두
나무
고기
모자
가수
지도
비누

4 모음 ②

 Track 4

연습 1 읽고 쓰세요.

ㅑ	ㅕ	ㅛ	ㅠ	ㅔ	ㅐ
ya	yeo	yo	yu	e	ae
야	여	요	유	에	애

★ 'ㅔ'와 'ㅐ'는 거의 똑같은 소리가 납니다.

연습 2 쓰고 읽으세요.

자음＼모음	ㅑ	ㅕ	ㅛ	ㅠ	ㅔ	ㅐ
ㄱ	갸	겨		규	게	개
ㄴ						
ㄷ			됴	듀		
ㄹ						래
ㅁ						
ㅂ		벼				
ㅅ						
ㅈ						
ㅎ					헤	

연습 **4** 듣고 맞는 것에 ◯ 하세요.

1 ① 가   ② 다   ③ 사
2 ① 디   ② 니   ③ 시
3 ① 바   ② 버   ③ 보
4 ① 혀   ② 며   ③ 벼
5 ① 쇼   ② 슈   ③ 소

연습 **5** 듣고 쓰세요.

1 __________________   2 __________________
3 __________________   4 __________________
5 __________________   6 __________________
7 __________________   8 __________________

5 자음 ②

연습 1 읽고 쓰세요.

ㅋ	ㅌ	ㅍ	ㅊ	ㄲ	ㄸ	ㅃ	ㅆ	ㅉ
k	t	p	ch	kk	tt	pp	ss	jj

연습 2 쓰고 읽으세요.

자음 \ 모음	ㅏ	ㅑ	ㅓ	ㅕ	ㅗ	ㅛ	ㅜ	ㅠ	ㅡ	ㅣ
ㅋ	카				코					
ㅌ										
ㅍ			퍼							
ㅊ										

자음 \ 모음	ㅏ	ㅑ	ㅓ	ㅕ	ㅗ	ㅛ	ㅜ	ㅠ	ㅡ	ㅣ
ㄲ	까									
ㄸ										
ㅃ										
ㅆ										
ㅉ										

연습 **4** 듣고 맞는 것에 ◯ 하세요.

1 ① 가	② 카	③ 까
2 ① 타	② 다	③ 따
3 ① 바	② 파	③ 빠
4 ① 자	② 차	③ 짜
5 ① 코트	② 코드	
6 ① 다리	② 따리	
7 ① 자요	② 차요	

연습 **5** 듣고 쓰세요.

1 ________________ **2** ________________

3 ________________ **4** ________________

5 ________________ **6** ________________

7 ________________ **8** ________________

연습 1 읽고 쓰세요.

ㅘ	ㅝ	ㅚ	ㅟ	ㅢ	ㅖ	ㅒ	ㅞ	ㅙ
wa	wo	oe	wi	ui	ye	yae	we	wae
와	워	외	위	의	예	애	웨	왜

★ 'ㅖ'와 'ㅒ'는 완전히 똑같이 발음됩니다. 'ㅚ', 'ㅙ', 'ㅞ'는 완전히 똑같이 발음됩니다.

연습 2 읽고 쓰세요.

귀	돼지	까마귀	샤워
귀			

회사	의자	사과	가위

과자	웨이터	주사위	스웨터

1 ① 의   ② 위
2 ① 애   ② 얘
3 ① 게   ② 괴
4 ① 베   ② 붸
5 ① 쥐   ② 지
6 ① 돼지   ② 대치
7 ① 회사   ② 해사

연습 **4** 듣고 빠진 모음을 쓰세요.

| 스 | ㅇ | 터 |

| ㅎ | 사 |

| 까 | 마 | ㄱ |

연습 **5** 듣고 쓰세요.

1 ____________________   2 ____________________
3 ____________________   4 ____________________
5 ____________________   6 ____________________

자음 + 모음 + 자음

받침	발음	예
ㄴ	[ㄴ] [n]	산, 눈
ㄹ	[ㄹ] [l]	물, 술
ㅁ	[ㅁ] [m]	밤, 곰
ㅇ	[ㅇ] [ng]	빵, 강

예시 1

자음	모음	자음
ㄱ	ㅏ	ㅇ

강

예시 2

자음	모음	자음
ㄴ	ㅜ	ㄴ

눈

연습 1 읽고 쓰세요.

산	전	견	곤	균	눈	뿐	은

잘	탈	널	결	돌	물	뿔	길

감	점	봄	숨	충	풍	강	빙

눈 손 돈 물
눈
사랑 서울 고양이 강아지
라면 가방 계란 비행기
김치 선생님 휴대폰 지하철

자음 + 모음 + 자음

받침	발음	예
ㄱ, ㄲ, ㅋ	[ㄱ] [k]	각, 밖, 억
ㅂ, ㅍ	[ㅂ] [p]	밥, 잎
ㄷ, ㅅ, ㅈ, ㅊ, ㅌ, ㅎ, ㅆ	[ㄷ] [t]	닫, 웃, 짖, 및, 볕, 놓, 있

연습 1 읽고 쓰세요.

작	밖	책	억	역	곡	꼭	숙

밥	댑	덮	옆	꼽	숍	춥	잎

낮	닻	얻	것	꽃	숯	뜻	짓

밭	댔	넣	었	엏	놓	숱	있

김밥	택시	꽃	학생

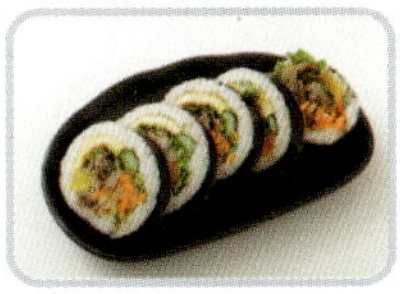

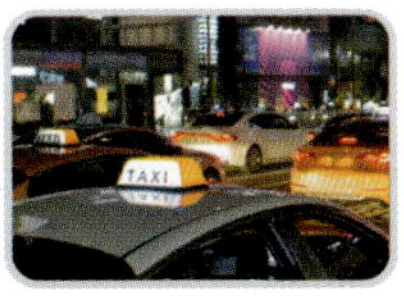

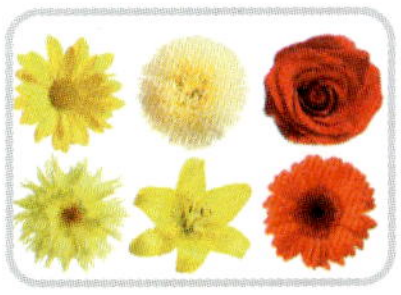

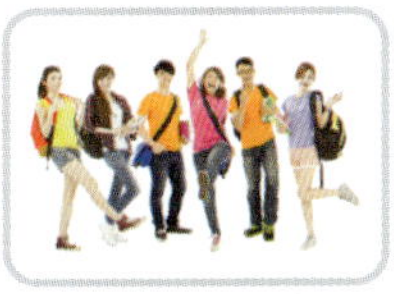

태극기	숟가락	젓가락	삼겹살

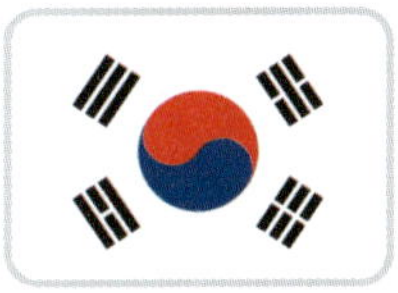

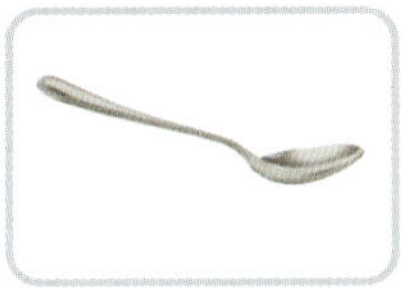

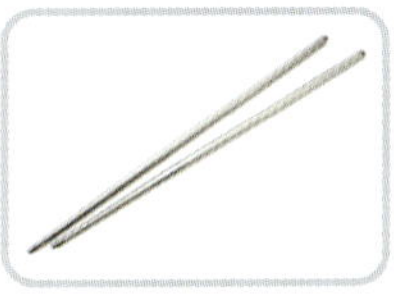

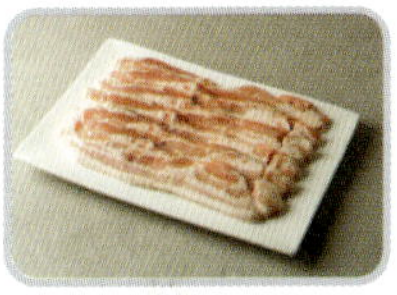

책	지하철역	햇볕	부엌

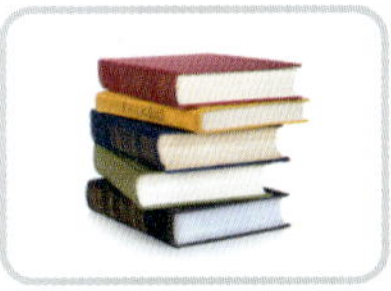

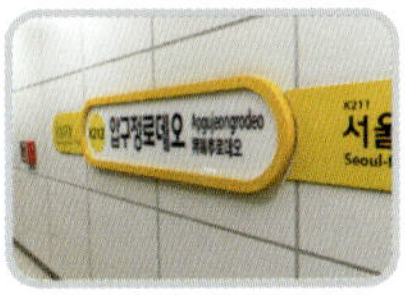

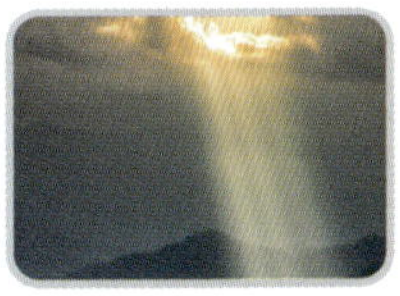

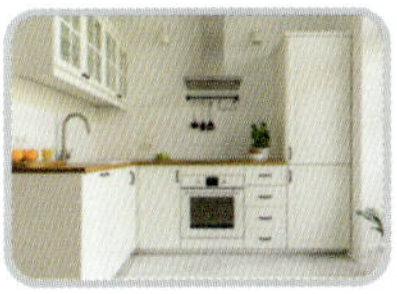

슈퍼마켓	인터넷	커피숍	밥솥

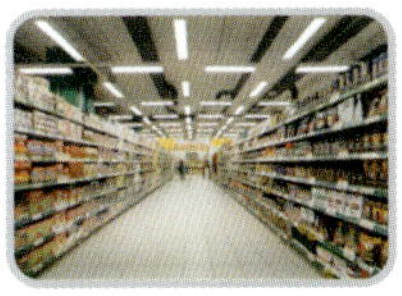

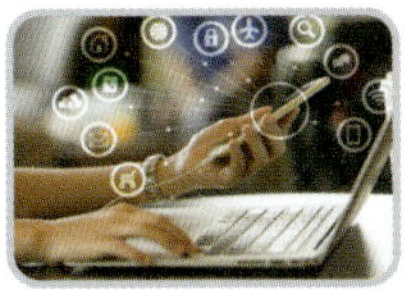

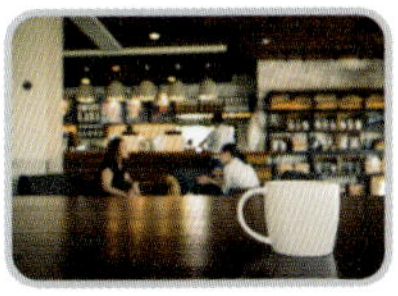

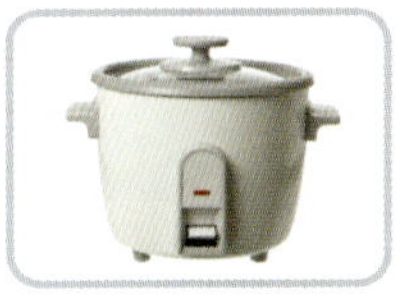

 듣고 맞는 것에 ◯ 하세요.

1 ① 산　　　　② 삼
2 ① 갑　　　　② 감
3 ① 끗　　　　② 끕
4 ① 사랑　　　② 사람
5 ① 묵다　　　② 묻다
6 ① 학생　　　② 핫생

연습 4 듣고 빠진 받침을 쓰세요.

| 저 | 가 | 라 |

| 바 | 소 |

| 이 | 터 | 네 |

연습 5 듣고 쓰세요.

1 _______________　　**2** _______________
3 _______________　　**4** _______________
5 _______________　　**6** _______________

연습 6 브랜드 이름과 해외에서 자주 듣는 한국어 단어를 읽으세요.

1 삼성　　　　**2** 한국타이어　　　　**3** 태권도
4 현대　　　　**5** 기아　　　　**6** 김치

자음 + 모음 + 자음 + 자음

겹받침은 'ㄹㄱ'과 'ㄹㅁ'을 제외하고 두 자음 중 첫 자음만 발음됩니다. 하단의 표를 통해 확인할 수 있습니다.

겹받침	발음	예
ㅄ	[ㅂ] [p]	없, 값
ㄵ	[ㄴ] [n]	앉
ㄶ	[ㄴ] [n]	않, 많
ㅀ	[ㄹ] [l]	싫
ㄼ	[ㄹ] [l]	넓
ㄺ	[ㄱ] [k]	읽
ㄻ	[ㅁ] [m]	젊

연습 1 읽고 쓰세요.

없	닭	많	앉	맑	넓	싫	낡	굵	덟	짧

끓	닮	얹	옮	찮	흙	끓	젊	늙	밟	삶

기본 인사말과 표현

기본 인사말

기본 표현

01

주요 표현

안녕하세요? 저는 장신이입니다.

문법

명 입니다/입니까?
명 은/는
명 이/가 아닙니다
명 이/가

한국 이야기

서울

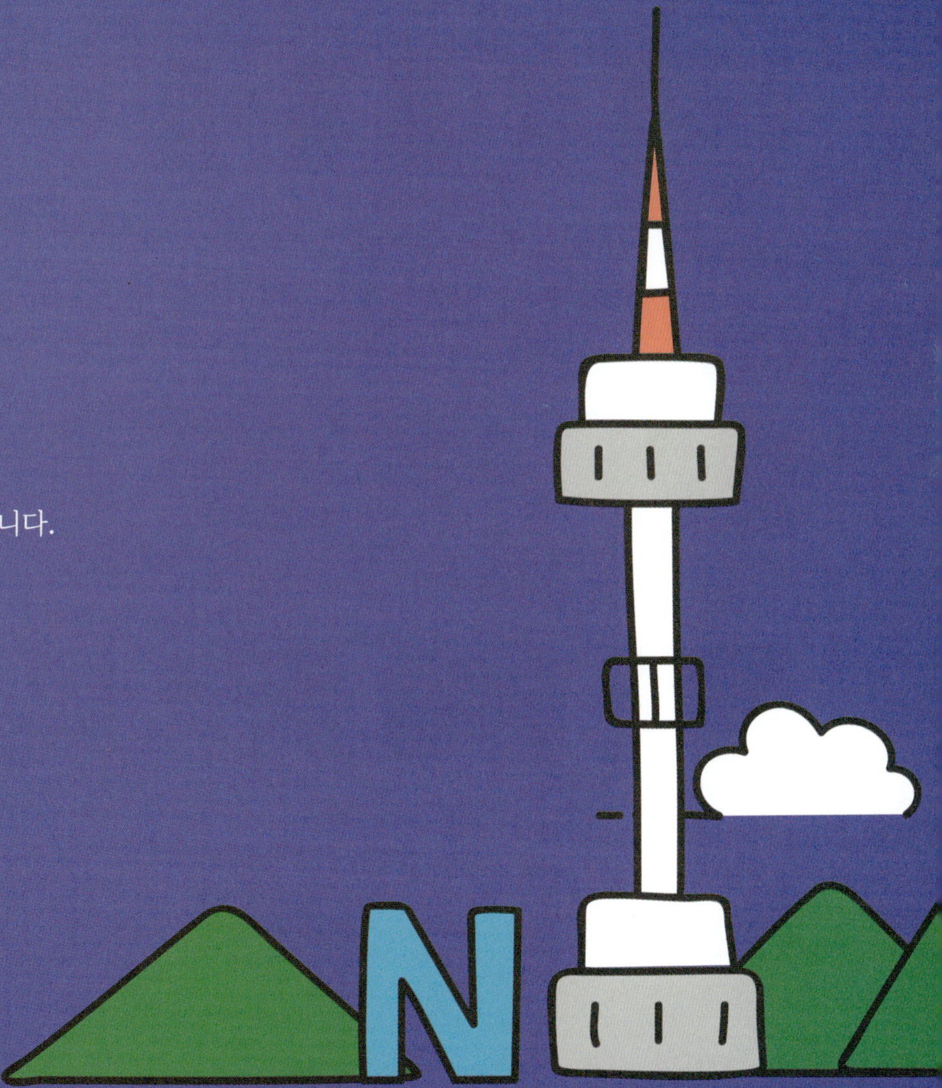

어휘 및 표현

〔나라〕

대한민국/한국

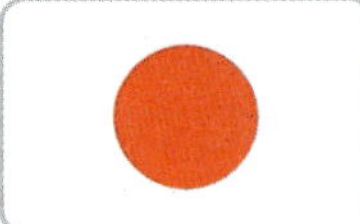
일본

미국

중국

영국

태국

인도

브라질

독일

베트남

캐나다

프랑스

멕시코

싱가포르

말레이시아

〔직업〕

학생

의사

간호사

회사원

선생님

배우

가수

기자

요리사

경찰관

〔물건〕

책　커피　휴대폰　컴퓨터

〔기타〕

저　나　이름　친구　사람　무엇/뭐　누구　이것

신이입니다	크리스입니다	회사원입니다	미국 사람입니다

 존 씨는 미국 사람입니까?

 네, 미국 사람입니다.

입니다와 입니까?는 명사와 함께 쓰여 문장을 만듭니다. 입니다 문장에서 주어를 알고 있거나 주어가 암시된 경우에는 주어를 생략할 수 있습니다. 입니까는 질문을 하기 위해 사용됩니다.

연습 1 그림을 보고 문장을 만드세요.

무엇입니까?

1    2   3   4

책입니다.

누구입니까?

1    2    3   4 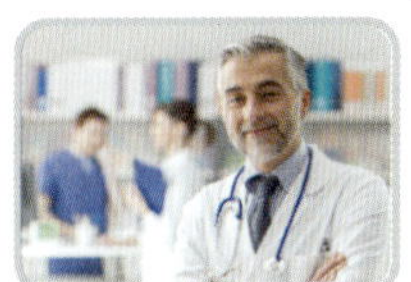

연습 2 문장을 완성하세요.

1 가: 학생 입니까?
　 나: 네, 학생 입니다.

2 가: 싱가포르 사람 　　　　　　　?
　 나: 네, 싱가포르 사람 　　　　　　　.

3 가: 요리사 　　　　　　　?
　 나: 네, 요리사 　　　　　　　.

4 가: 프랑스 사람 　　　　　　　?
　 나: 네, 프랑스 사람 　　　　　　　.

문법 ② 명은/는 

SCAN FOR VIDEO

캠은 베트남 사람입니다.	켈리는 가수입니다.	크리스는 선생님입니다.

은과 는은 명사 뒤에 붙어 문장의 주제를 나타냅니다. 은은 자음으로 끝나는 명사(미국) 뒤에 나옵니다. 는은 모음으로 끝나는 명사(신이) 뒤에 나옵니다.

연습 1 맞는 것에 ◯ 하세요.

1 저(은 / **는**) 미국 사람입니다.

2 경미(은 / 는) 회사원입니다.

3 민아(은 / 는) 가수입니다.

4 선생님★(은 / 는) 한국 사람입니다.

★ **도와줘요, 알렉스!**

나이가 같거나 더 많은 사람을 부를 때나 격식 있는 대화를 할 때는 이름에 **씨**나 **님**을 붙여요. 띄어쓰기에 주의하세요.

이름 뒤
민지 **씨**　　메리 **씨**

호칭 뒤
사장**님**　　선생**님**

연습 2 문장을 만드세요.

1 신이, 학생　　　→　신이는 학생입니다.

2 저, 회사원　　　→

3 지민, 가수　　　→

4 다니엘, 영국 사람　→

연습 3 여러분에 대해 쓰세요.

1 이름

2 국적

3 직업

저는 제니가 아닙니다. 리사입니다.	샘은 회사원이 아닙니다. 학생입니다.	민구는 태국 사람이 아닙니다. 한국 사람입니다.

SCAN FOR VIDEO

이/가 아닙니다는 명사와 쓰입니다. '입니다'와 반대로 명사 부정문을 만듭니다.

연습 1 그림을 보고 문장을 만드세요.

1

→ 의사가 아닙니다.

2

→ ______________________

3

→ ______________________

4

→ ______________________

연습 2 문장을 만드세요.

1 저, 일본 사람 X, 한국 사람 → 저는 일본 사람이 아닙니다. 한국 사람입니다.

2 제니, 배우 X, 가수 → ______________________

3 로빈, 선생님 X, 학생 → ______________________

4 리안, 의사 X, 간호사 → ______________________

마이클이	회사원이	제니가	(저 + 가 ▶) 제가	(누구 + 가 ▶) 누가

가: 누가 태국 사람입니까?　　　　나: 완이 태국 사람입니다.

이와 **가**는 명사 뒤에 붙어 절에서 동사의 주어를 나타냅니다. **이/가**와 '은/는'의 차이점을 하단 팁에서 확인할 수 있습니다.

연습 1　맞는 것에 ◯하세요.

1 제(이 /가) 박지훈입니다.

2 메리(이 / 가) 회사원입니다.

3 알렉스(이 / 가) 미국 사람입니다.

4 완(이 / 가) 태국 사람입니다.

연습 2　'이'나 '가'를 활용하여 문장을 완성하세요.

1 가: 이름 이 무엇입니까?
　　나: 박지훈입니다.

2 가: 누가 학생입니까?
　　나: 민아 ＿＿＿＿＿ 학생입니다.

3 가: 완이★ 가수입니까?
　　나: 아니요, 완은 가수 ＿＿＿＿ 아닙니다.

4 가: 켈리가 경찰관입니까?
　　나: 아니요, 켈리는 경찰관 ＿＿＿＿ 아닙니다.

> **★ 도와줘요, 메리!**
>
> 명 은/는과 명 이/가 둘 다 문장의 주어를 나타내지만, 두 문장의 뜻은 조금 달라요.
>
> <u>켈리는</u> 가수입니다.
> **은/는**은 켈리의 직업이 다른 게 아닌, 가수라는 것을 강조해요.
>
> <u>켈리가</u> 가수입니다.
> **이/가**는 다른 사람이 아닌, 가수인 켈리를 강조해요.

연습 3　자신의 답변으로 빈칸을 채우고 맞는 것에 ◯하세요.

1 누가 회사원입니까?　　＿＿＿＿＿ 이/가 회사원입니다.

2 누가 한국 사람입니까?　　＿＿＿＿＿ 이/가 한국 사람입니다.

3 누가 학생입니까?　　＿＿＿＿＿ 이/가 학생입니다.

대화문

신이: 안녕하세요? 저는 장신이입니다.

켈리: 안녕하세요? 저는 산티아고 켈리입니다.
미국 사람입니다.
신이 씨는 어느 나라 사람입니까?

신이: 저는 중국 사람입니다.
켈리 씨는 학생입니까?

켈리: 아니요, 저는 학생이 아닙니다.
저는 회사원입니다.

신이: 저는 학생입니다. 만나서 반갑습니다.

켈리: 만나서 반갑습니다.

연습 1 대화문에 대해 답하세요.

1 신이는 선생님입니까?

2 켈리는 학생입니까?

3 켈리는 호주 사람입니까?

4 신이는 어느 나라 사람입니까?

연습 2 여러분에 대해 답하세요.

1 학생입니까?

2 회사원입니까?

3 한국 사람입니까?

4 어느 나라 사람입니까?

말하기

연습 1 친구와 묻고 답하세요.

> **보기**
>
> 가: <u>중국 사람</u> 입니까?
>
> 나: 아니요, 저는 <u>중국 사람</u> 이/가 아닙니다.
> 저는 <u>일본 사람</u> 입니다.
> <u>리리</u> 이/가 <u>중국 사람</u> 입니다.

단어

1 미국 사람, 영국 사람, 토마스
2 호주 사람, 미국 사람, 저스틴
3 회사원, 학생, 민아
4 가수, 배우, 존

연습 2 여러분의 친구를 소개해 보세요.

1 

이름: 장신이
직업: 학생
국적: 중국

장신이는 학생입니다.

장신이는 중국 사람입니다.

2 

이름: 켈리 산티아고
직업: 회사원
국적: 미국

3 

이름: 크리스 로우슨
직업: 선생님
국적: 영국

4

이름: 루카 호프만
직업: 경찰관
국적: 독일

연습 3 친구와 묻고 답하세요.

1 가: 안녕하세요? 처음 뵙겠습니다.
   나: 네, 안녕하세요? 처음 뵙겠습니다.

2 가: 만나서 반갑습니다.
   나:

3 가: 이름이 무엇입니까?
   나:

4 가: 직업이 무엇입니까?
   나:

5 가: 어느 나라 사람입니까?
   나:

발음

연습 1 단어를 듣고 따라 하세요.

1 일본　일번　　2 요리　유리

3 커피　코피　　4 기사　기자

5 의사　의자　　6 사람　사랑

연습 2 문장을 듣고 따라 하세요.

1 무엇입니까? [무어심니까]

2 휴대폰입니다. [휴대포님니다]

3 저는 경찰관입니다. [저는 경찰과님니다]

4 경찰관은 영국 사람입니다. [경찰과는 영국 사라밈니다]

5 선생님은 한국 사람입니다. [선생니믄 한국 사라밈니다]

6 만나서 반갑습니다. [만나서 반갑씀니다]

연습 3 듣고 따라 하세요.

철수 책상 새 책상, 철수 책장 헌 책장
칠수 책상 새 책상, 칠수 책장 헌 책장

철수 Cheolsu (boy's name), 칠수 Chilsu (boy's name), 새, 책상, 헌, 책장

듣기 

연습 1 대화를 듣고 알렉스의 직업에 ⃝ 하세요.

① 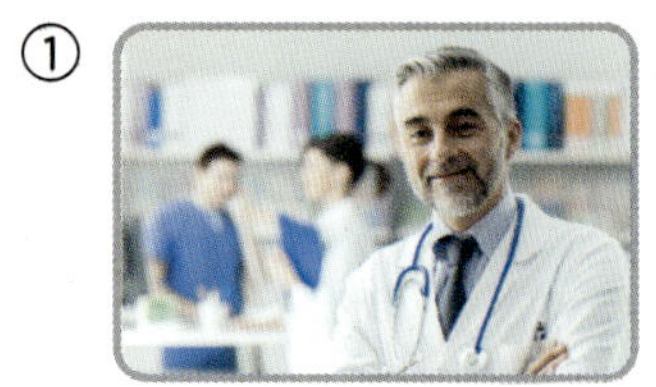　②　③

연습 2 대화를 듣고 마이클의 국적에 ⃝ 하세요.

① 　②　③ 

연습 3 대화를 듣고 저스틴과 유리의 직업과 국적을 쓰세요.

저스틴

직업: ＿＿＿＿＿＿＿＿＿＿＿＿＿＿＿

국적: ＿＿＿＿＿＿＿＿＿＿＿＿＿＿＿

유리

직업: ＿＿＿＿＿＿＿＿＿＿＿＿＿＿＿

국적: ＿＿＿＿＿＿＿＿＿＿＿＿＿＿＿

읽기와 쓰기

연습 1 문자를 읽고 이름, 국적, 직업을 쓰세요.

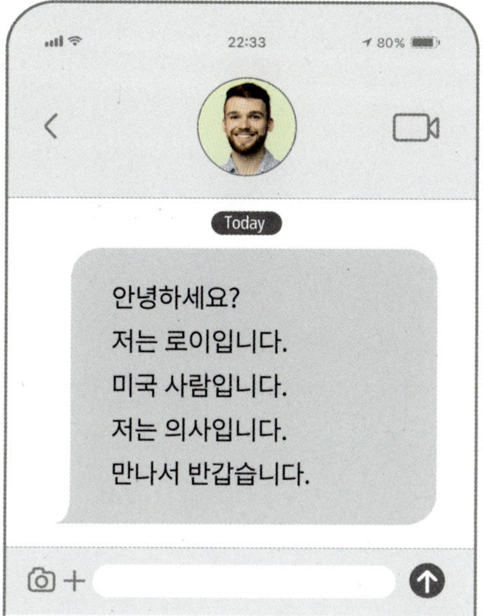

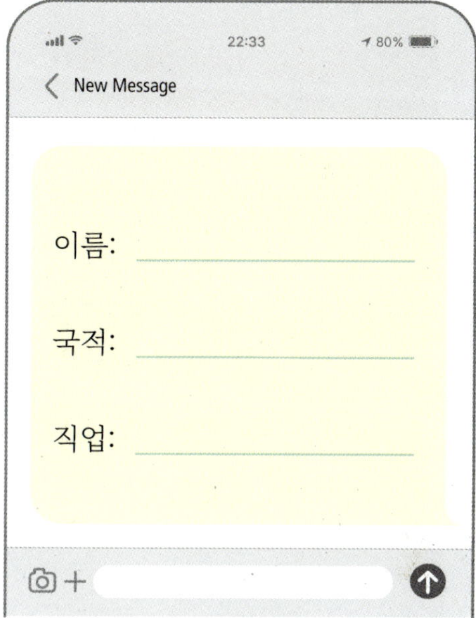

연습 2 답장을 쓰세요.

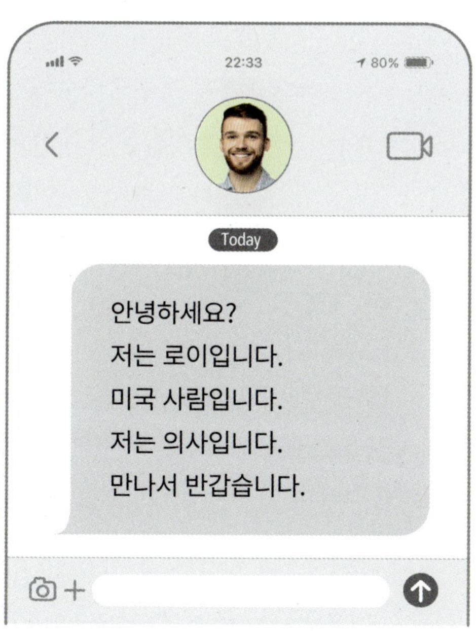

영상을 보고 서울에 대해 더 알아보세요!

서울

한국에 오신 걸 환영합니다! 공식 국가명은 대한민국이지만, 보통 한국으로 불려요. 한국의 수도는 지난 수백 년간 수도였던 서울이에요. 과거엔 한양이라고 불렸습니다. 길고 다채로운 역사를 가진 서울을 알아보는 건 즐거운 일이에요. 오래된 궁전과 고층 건물의 대조는 도시 어디서나 사진 찍을 만한 풍경을 만들어요. 경복궁, 한강, 남산타워, 63빌딩, 롯데월드타워 등이 한국의 가장 유명한 랜드마크예요.

한국의 인구는 200만이 넘는 외국인을 포함해 5,000만이 넘어요. 절반 가까운 인구가 서울과 서울 주변 지역인 경기도에 사는데, 서울만 해도 거의 1,000만이 살아요. 뉴욕보다 많은 숫자예요! 서울과 서울 근처에 많은 사람이 살기 때문에 모든 일상이 빠른 속도로 진행돼요. 많은 기관이 밤새도록 열려 있어서 서울은 24시간 운영되는 도시로도 많이 알려져 있어요. 또, 서울의 풍경은 끊임없이 바뀌어요. 새로운 빌딩이 계속 생기기 때문에, 5년 전의 서울과 지금의 서울도 많이 달라 보일 거예요. 이 속도를 따라잡으려면 노력해야 해요. 하지만 건물이 바뀌어도 바뀌지 않는 점은, 서울이 다양한 볼거리와 경험할 것이 있는 짜릿한 도시라는 점이에요!

02

SCAN FOR AUDIO

주요 표현

이 사람은 우리 할머니입니다.

문법

이 명, 그 명, 저 명

명 의

명 도

명 이/가 있습니다/없습니다/있습니까?/없습니까?

한국 이야기

콩글리시

어휘 및 표현

〔물건〕

백팩

모자

가방

펜

지갑

의자

노트북

휴지

우산

여권

시계

안경

주스

물

사진

〔가족 구성원〕

어머니

아버지

할아버지/외할아버지

할머니/외할머니

부모님

형

오빠

누나

언니

여동생

남동생

〔기타〕

우리   많이   공책   남자   여자   남자 친구   여자 친구   강아지   고양이

이 사과	그 사과	저 사과
이것(이거)	그것(그거)	저것(저거)

가: 이것은 무엇입니까?
나: 그것은 모자입니다.

가: 저 사람은 누구입니까?
나: 저 사람은 우리 할머니입니다.

이는 지시하는 것이 말하는 사람과 가까울 때 사용합니다. **그**는 지시하는 것이 듣는 사람과 가깝지만 말하는 사람과 멀리 있을 때 사용합니다. **저**는 말하는 사람과 듣는 사람 모두에게 멀리 떨어져 있는 것을 말할 때 사용합니다. 사물을 지시하는 대명사로 '이것, 그것, 저것'이 쓰이고, 일상 대화에서는 '이거, 그거, 저거'로 표현합니다.

연습 1 빈칸을 채우고 맞는 것에 ◯ 하세요. 그리고 그림을 보고 질문에 답하세요.

1 가: 이것 (은)/는 무엇입니까?
　　나: 이것은 모자입니다.

2 가: ＿＿＿＿＿ 은/는 무엇입니까?
　　나: ＿＿＿＿＿

3 가: ＿＿＿＿＿ 은/는 무엇입니까?
　　나: ＿＿＿＿＿

4 가: ＿＿＿＿＿ 은/는 무엇입니까?
　　나: ＿＿＿＿＿

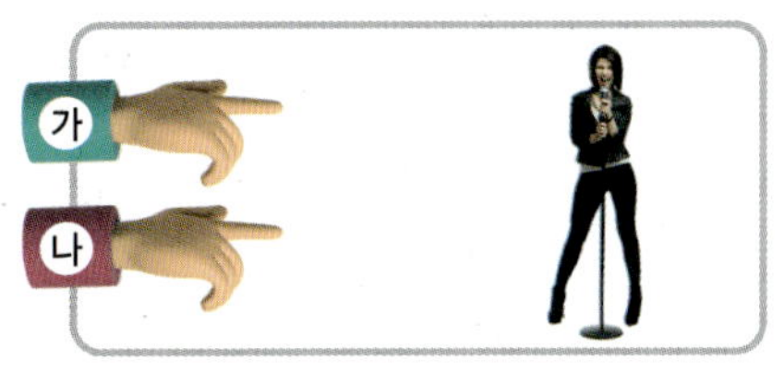

5 가: 이 ＿＿＿＿ 은/는 누구입니까?
　　나: 이 ＿＿＿＿＿

6 가: 저 ＿＿＿＿ 은/는 누구입니까?
　　나: ＿＿＿＿＿

문법 ② 명사 + 의

SCAN FOR VIDEO

친구의	선생님의	지민의	(저의 ▶)제	(나의 ▶)내

이것은 친구의 책입니다.

이 사람은 지윤의 언니입니다.

> **의**는 명사 뒤에 붙어 뒤에 오는 명사가 앞 명사의 소유나 소속임을 구어에서는 자주 생략됩니다. '저, 나, 너'에 '의'가 붙으면 '저의, 나의, 너의'가 되는데 이것이 줄어들어 '제, 내, 네'가 됩니다.

연습 1 문장을 만드세요.

1 완, 가방 → 이것은 완의 가방입니다.

2 제 친구, 휴대폰 → ______________________

3 켈리, 펜 → ______________________

연습 2 문장을 만드세요.

1 이것, 민아, 안경 → 이것은 민아의 안경입니다.

2 유진, 저, 친구 → ______________________

3 수웅, 우리★, 오빠 → ______________________

4 이것, 저, 공책 → ______________________

> ★ **도와줘요, 알렉스!**
>
> 한 명 이상의 사람이 가진 집, 가족 구성원, 회사, 나라 같은 것에 대해 말할 때, 소유 대명사 **제/내** 대신 집합 대명사 **우리**를 사용해요. **우리**에는 소유격 조사 '의'를 사용하지 않아요.

연습 3 질문에 답하세요.

1 가: 이것은 지훈의 휴대폰입니까? (저, 휴대폰)
나: 아니요, 지훈의 휴대폰이 아닙니다. 제 휴대폰입니다.

2 가: 이것은 크리스의 지갑입니까? (저, 지갑)
나: 아니요, ______________________

3 가: 이것은 민아의 커피입니까? (친구, 커피)
나: 아니요, ______________________

가: 누가 학생입니까?
나: 신이가 학생입니다. 민아도 학생입니다.
다: 저도 학생입니다.

SCAN FOR VIDEO

도는 명사 뒤에 붙어 다른 것의 추가나 포함을 나타냅니다.

연습 1 문장을 완성하세요.

1 가: 이것은 민아 씨의 가방입니다. 그것은 무엇입니까?
   나: 이것도 민아 씨의 가방입니다. (민아 씨의 가방)

2 가: 어느 나라 사람입니까?
   나: 저는 일본 사람입니다. ___________________ (사나)

3 가: 이것은 한국어 책입니다. 그것은 무엇입니까?
   나: ___________ 한국어 책입니다.

4 가: 민지 씨는 기자입니까?
   나: 네, 민지 씨는 기자입니다. ___________________ (제 친구)

연습 2 그림을 보고 질문에 답하세요.

문법연습 이 명, 그 명, 저 명, 명의, 명도

1 가: 그것은 무엇입니까?
   나: 이것은 커피입니다. (커피)

2 나: 그 사람은 누구입니까?
   가: ___________________ (민호)

3 가: 그것은 무엇입니까?
   나: ___________________ (나, 여권)

4 나: 그 사람도 동생입니까?
   가: ___________________ (나, 동생 X)

문법 ④ 명 이/가 있습니다/없습니다/있습니까?/없습니까?

SCAN FOR VIDEO

물이 있습니다.
주스가 없습니다.

모자가 있습니다.
안경이 없습니다.

가: 물이 있습니까?
나: 네, 물이 있습니다. 주스도 있습니다.

가: 민아는 컴퓨터가 없습니까?
나: 네, 민아는 컴퓨터가 없습니다.

이/가 있습니다는 앞에 오는 명사를 소유하거나 가지고 있을 때 사용합니다.
이/가 없습니다는 반대로 소유하지 않거나 가지고 있지 않을 때 사용합니다. 질문 형태는 **있습니까?/없습니까?**입니다.

연습 1 그림을 보고 문장을 완성하세요.

1

가: 우산이 있습니까?
나: 네, 우산이 있습니다. ______

2
가: 학생이 있습니까?
나: 아니요, ______

3

가: 모자가 있습니까?
나: ______

4
가: 텔레비전이 없습니까?
나: ______

연습 2 질문에 답하세요.

1 여권이 있습니까? (○)   네, 여권이 있습니다.

2 휴지가 있습니까? (✕) ______

3 경미는 오빠가 있습니까? (○) ______

4 메리는 동생이 있습니까? (○) ______

5 누리는 시계가 있습니까? (✕) ______

대화문

신이: 켈리 씨, 그것은 무엇입니까?

켈리: 아, 이것은 우리 가족 사진입니다.

신이: 이 사람은 누구입니까?

켈리: 이 사람은 우리 할머니입니다. 신이 씨는 가족 사진이 있습니까?

신이: 네, 저도 가족 사진이 있습니다. 이 사람은 우리 아버지입니다. 그리고 우리 할아버지입니다.

켈리: 와, 이 사람은 신이 씨의 여동생입니까?

신이: 아니요, 제 친구입니다. 켈리 씨는 동생이 있습니까?

켈리: 아니요, 저는 동생이 없습니다.

연습 1 대화문에 대해 답하세요.

1 켈리는 할머니가 있습니까?

2 누가 할아버지가 있습니까?

연습 2 여러분에 대해 답하세요.

1 동생이 있습니까?

2 형/오빠가 있습니까?

3 할아버지가 있습니까?

연습 3 가방에 무엇이 있는지 묻고 답하세요.

저는 ______ 이/가 있습니다.

연습 1 그림을 보고 친구와 묻고 답하세요.

보기

가: 백팩이 있습니까?

나: 네, 백팩이 있습니다.

1 

2 

3 

4 

5 

6 

7 

8 

연습 2 여러분이 갖고 있는 것에 대해 친구와 묻고 답하세요.

가: 무엇이 있습니까? 무엇이 없습니까?

나: _______________________

____

발음

연습 1 **단어를 듣고 따라 하세요.**

1	고향	공항		2	이촌	인천
3	강남	강변		4	신촌	시청
5	상수	성수		6	약수	옥수

연습 2 **역 이름을 듣고 따라 하세요.**

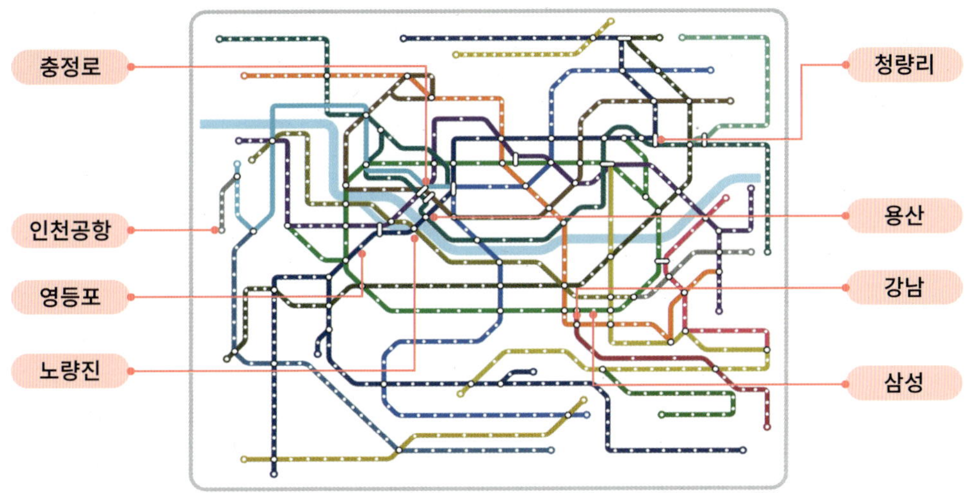

연습 3 **듣고 따라 하세요.**

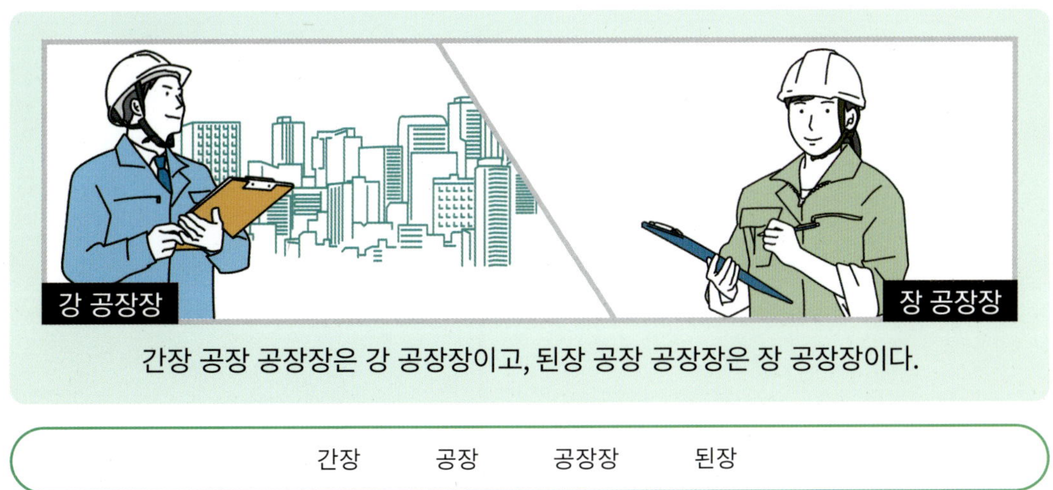

간장 공장 공장장은 강 공장장이고, 된장 공장 공장장은 장 공장장이다.

간장   공장   공장장   된장

듣기 

연습 1 대화를 듣고 알맞은 것을 연결하세요.

1 켈리 •

2 크리스 •

3 신이 •

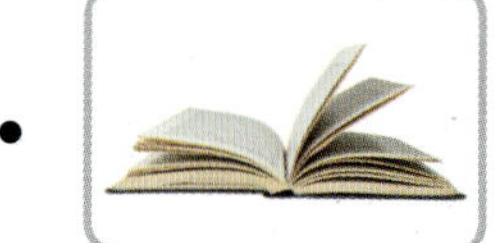

연습 2 대화를 듣고 맞는 것에 ◯ 하세요.

① 신이는 언니가 있습니다.

② 신이는 할머니가 있습니다.

③ 신이는 남동생이 있습니다.

④ 신이는 가족 사진이 없습니다.

연습 3 대화를 듣고 저스틴과 유리가 갖고 있는 것에 대해 쓰세요.

저스틴

무엇이 있습니까? _______________

무엇이 없습니까? _______________

유리

무엇이 있습니까? _______________

무엇이 없습니까? _______________

연습 1 **글을 읽고 질문에 답하세요.**

> 안녕하세요? 제 이름은 장신이입니다. 저는 중국 사람입니다. 학생입니다. 저는 한국어 책이 있습니다. 공책이 있습니다. 모자가 있습니다. 안경이 없습니다. 시계도 없습니다.
>
> 저는 친구가 있습니다. 제 친구는 미국 사람입니다. 제 친구의 이름은 켈리입니다. 켈리 씨는 회사원입니다. 켈리 씨도 한국어 책이 있습니다. 공책이 있습니다. 지갑이 있습니다. 그리고 켈리 씨는 사진이 많이 있습니다. 가족 사진이 있습니다. 남자 친구 사진도 있습니다.

1 **맞는 것에 ◯, 틀린 것에 ✕ 하세요.**

① 신이는 안경이 없습니다.   (   )

② 신이는 남자 친구가 있습니다.   (   )

③ 켈리는 가족 사진이 없습니다.   (   )

④ 신이는 켈리의 사진이 있습니다.   (   )

2 **질문에 답하세요.**

① 켈리는 무엇이 있습니까?

② 신이는 무엇이 없습니까?

연습 2 **여러분에 대해 쓰세요.**

- 할아버지/할머니가 있습니까?
- 동생이 있습니까?
- 형/오빠가 있습니까?
- 언니/누나가 있습니까?

콩글리시

한국인은 영어를 사랑하면서 싫어해요. 나이에 상관 없이 대부분의 한국인은 어릴 때부터 영어를 배우는데, 어떤 사람들은 초등학교 입학 전부터 배우기도 해요. 많은 한국인이 영어를 배우는 것이 성공적인 직업과 인생을 가지는 비결이라고 생각해요. 해외에서 공부하거나, 서양 문화에 큰 흥미를 갖는 사람도 많아요. 여러분은 한국어로 사용되는 다양한 영어 단어를 발견하게 될 거예요.

주스 juice	커피 coffee	비타민 vitamin
케이크 cake	라떼 latte	아이스/핫 iced/hot

그런데 모든 영어 단어가 실제 뜻으로 사용되는 건 아니에요. 가끔 잘못된 문법이나 아예 다른 단어를 함께 사용할 때도 있어요. 이런 단어나 구를 콩글리시라고 해요.

미팅 blind date	썸 romantic feelings between two not-yet-dating people	
핫도그 corn dog	사이다 clear lemon-flavored soft drink	
메뉴 a cooked dish	서비스 free of charge/on the house	
원피스 dress	이벤트 sales event	스킨십 physical touching
노트북 laptop	노트 notebook	밴드 plaster/Band-aid®
개그맨 comedian	사인 signature	다이어리 planner/scheduler
오토바이 motorcycle	스탠드 lamp	콘센트 electrical outlet
머플러 wool scarf	콜! I'm in!	커닝 cheating (on a test)

03

주요 표현

신이 씨는 한국 가수를 좋아합니까?

문법

형 동 -ㅂ/습니다, 형 동 -ㅂ/습니까?
→ 명 이/가 형 -ㅂ/습니다
명 을/를

한국 이야기

편의점 문화

〔형용사〕

좋다

나쁘다

많다

적다

귀엽다

크다

작다

재미있다

재미없다

멋있다

예쁘다

어렵다

쉽다

맛있다

맛없다

친절하다

짧다

길다

싸다

비싸다

〔동사〕

먹다

마시다

만나다

배우다

좋아하다

사다

쓰다

읽다

보다

듣다

 ① 형 동 -ㅂ/습니다, 형 동 -ㅂ/습니까? ······· 

SCAN FOR VIDEO

형용사		동사	
작다 ▶ 작습니다	예쁘다 ▶ 예쁩니다	먹다 ▶ 먹습니다	만나다 ▶ 만납니다

가: 예쁩니까?
나: 네, 예쁩니다.

가: 먹습니까?
나: 네, 먹습니다.

-ㅂ/습니다는 현재의 동작이나 상태, 사실을 격식 있게 말하는 표현입니다. 형용사나 동사 뒤에 붙어 서술하는 기능을 합니다. 주로 공식적인 말하기에서 많이 쓰입니다.

연습 1 표를 완성하세요.

-ㅂ니다		예쁘다		맛있다	
싸다	쌉니다	나쁘다		있다	
비싸다		친절하다		없다	
크다		좋아하다		쉽다	
보다		-습니다		어렵다	
사다		적다	적습니다	듣다	
쓰다		먹다		많다	
마시다		작다		좋다	
만나다		읽다		알다	압니다
배우다		멋있다		만들다	

연습 2 문장을 만드세요.

1

삽니다

2

3

4

5

6

명 이/가 형 -ㅂ/습니다 

가: 무엇이 재미있습니까?	가: 누가 귀엽습니까?
나: 한국 드라마가 재미있습니다.	나: 동생이 귀엽습니다.

한국어의 형용사 문장 구조는 명 이/가 형 -ㅂ/습니다입니다. 주제를 표현할 때는 '명 은/는 형 -ㅂ/습니다'를 사용합니다.

연습 3 그림을 보고 문장을 만드세요.

> 맛없다   ~~크다~~   재미있다   비싸다   작다   어렵다

1
가방
→ 가방이 큽니다.

2
가방
→ __________

3
커피
→ __________

4
우유
→ __________

5
영화
→ __________

6
퍼즐
→ __________

연습 4 문장을 만드세요.

1 제니, 가수 / 제니, 예쁘다
→ 제니는 가수입니다.
제니가 예쁩니다.

2 선생님, 한국 사람 / 선생님, 친절하다
→ __________

3 완, 태국 사람 / 완, 재미있다
→ __________

4 제 친구, 회사원 / 친구, 멋있다
→ __________

5 이 사람, 제 동생 / 제 동생, 귀엽다
→ __________

6 이 강아지, 우리 강아지 / 우리 강아지, 작다
→ __________

저는 라면을 먹습니다.

제 친구가 커피를 마십니다.

을과 를은 목적격 조사입니다. 을/를 앞의 명사가 동사의 영향을 받는 대상임을 나타냅니다.

연습 1 맞는 것에 ◯ 하세요.

1 메리는 주스(을 / 를) 마십니다.

2 저는 제 친구(을 / 를) 만납니다.

3 우리 어머니가 가방(을 / 를) 삽니다.

4 완은 공부★(을 / 를) 합니다.

> ★ 도와줘요, 메리!
>
> '하다'로 끝나는 동사(형용사 제외)는
> 두 가지 방법으로 쓸 수 있어요.
> 예를 들어, 동사 '공부하다'에서
> '공부'가 명사이기 때문에
> '공부합니다'와 '공부를 합니다'
> 두 가지 방법으로 쓸 수 있어요.

연습 2 문장을 만드세요.

1 진아, 사과, 사다 → 진아는 사과를 삽니다.

2 저, 지나, 만나다 → ___________________

3 요코, 우유, 좋아하다 → ___________________

4 에밀리, 커피, 싫어하다 → ___________________

연습 3 그림을 보고 문장을 만드세요.

1 켈리는 무엇을 좋아합니까?

켈리는 바나나를 좋아합니다.

2 사나는 누구를 만납니까?

____

3 지훈은 무엇을 먹습니까?

____

4 완은 무엇을 배웁니까?

____

 문장을 만드세요.

저, 햄버거, 먹다
→ 저는 햄버거를 먹습니다.

1 제 친구, 한국 드라마, 보다
→ ___________________________

2 민아, 책, 좋아하다
→ ___________________________

3 마이클, 한국어, 배우다
→ ___________________________

4 완, 사진, 보다
→ ___________________________

연습 **5** **'을/를★' 과 '이/가'를 활용하여 문장을 완성하세요.**

1 저는 가방 을 삽니다.
가방 이 쌉니다.

2 제 친구는 바나나 ____ 먹습니다.
바나나 ____ 맛있습니다.

3 저는 한국어 ____ 공부합니다.
한국어 ____ 재미있습니다.

4 우리는 음악 ____ 듣습니다.
음악 ____ 좋습니다.

연습 **6** **문장을 만드세요.**

1 무슨 음식을 좋아합니까? (우유)
→ 우유를 좋아합니다.

2 우유 맛이 어떻습니까? (맛있다)
→ ___________________________

3 지금 무슨 드라마를 봅니까? (한국 드라마)
→ ___________________________

4 그 드라마가 어떻습니까? (재미있다)
→ ___________________________

대화문

신이: 켈리 씨는 무슨 일을 **합니까**?

켈리: 저는 회사원입니다. 번역**을 합니다.** 신이 씨는 무슨 일을 합니까?

신이: 저는 학생입니다. 한국어**를 배웁니다.** 한국어**가** 어렵**습니다.**

켈리: 괜찮**습니다.** 제가 도와주겠습니다. 신이 씨는 한국 가수를 좋아**합니까**?

신이: 네, 저는 비티에스**를** 좋아**합니다.** 켈리 씨도 한국 가수**를** 좋아**합니까**?

켈리: 네, 저도 비티에스**를** 좋아**합니다.** 비티에스**가** 멋있**습니다.** 그렇지만 저는 악뮤**를** 더 좋아**합니다.** 악뮤의 노래**가** 좋**습니다.**

무엇 vs 무슨 명
무엇을 좋아해요? vs **무슨** 음식을 좋아해요?

연습 1 대화문에 대해 답하세요.

1 켈리는 무슨 일을 합니까?

2 켈리는 누구를 좋아합니까?

3 신이는 매일 무엇을 듣습니까?

연습 2 여러분에 대해 답하세요.

1 여러분의 직업은 무엇입니까?

2 한국 음악을 듣습니까? 누구의 노래를 압니까?

3 그 가수가 어떻습니까? 그 가수의 노래가 어떻습니까?

4 무엇을 공부합니까? 그것이 어떻습니까?

말하기

  친구와 묻고 답하세요.

보기

가: 그것은 무엇입니까?

나: _모자_ 입니다.

가: _모자_ 이/가 어떻습니까?

나: _모자_ 이/가 _작습니다._

가: 지금 무엇을 합니까?

나: 저는 지금 _모자_ 을/를 _삽니다._

단어

1 책, 재미있다 / 책, 읽다
2 주스, 맛있다 / 주스, 마시다
3 한국어, 어렵다 / 한국어, 공부하다

연습 **2** **그림을 보고 친구와 묻고 답하세요.**

보기

가: 누가 무엇을 합니까?

나: _메리_ 가 _음악_ 을/를 _듣습니다._

메리

1  피터

2  언니

3  어머니

4  사나

5  크리스

6  민아

연습 **3** **친구와 묻고 답하세요.**

1 여러분은 매일 무엇을 합니까? 그것이 어떻습니까?

____

2 매일 무엇을 마십니까? 그것이 어떻습니까?

____

3 무슨 음식을 좋아합니까? 그 음식이 어떻습니까?

____

4 무슨 음악을 좋아합니까? 그 음악이 어떻습니까?

____

 Track 32

ㅂ 비음화

받침 'ㅂ' (합) + 뒤 오는 'ㄴ' (니다) → 받침 'ㅂ' 발음은 [ㅁ]

연습 1 문장을 듣고 따라 하세요.

1 감사합니다. [감사함니다]
2 재미있습니다. [재미읻씀니다]
3 책이 쌉니다. [채기 쌈니다]
4 휴대폰이 큽니다. [휴대포니 큼니다]
5 한국어가 어렵습니다. [한구거가 어렵씀니다]
6 비빔밥을 좋아합니다. [비빔빠블 조아함니다]

받침 뒤 연결되는 'ㅅ'

받침 (있) + 뒤에 오는 'ㅅ' (습니다) → 'ㅅ' 발음은 [ㅆ]

연습 2 단어를 듣고 따라 하세요.

1 적습니다 [적씀니다]
2 있습니다 [읻씀니다]
3 읽습니다 [익씀니다]
4 먹습니다 [먹씀니다]
5 쉽습니다 [쉽씀니다]
6 어렵습니다 [어렵씀니다]

연습 3 다음을 듣고 따라 하세요.

우리 집 옆 빵집에 빵이 많이 있습니다. 우리 집 옆 빵집의 빵이 맛있습니다.
우리 집 옆 빵집의 커피는 정말 맛없습니다. 우리 집 옆 빵집의 빵이 좋습니다.
커피는 우리 집 뒤 커피숍에서 마십니다.

옆	빵집	방	정말	뒤	커피숍

연습 1 **대화를 듣고 답하세요.**

1 어떤 것에 대해 이야기하고 있습니까?

①  ②  ③ 

2 누구에 대해 이야기하고 있습니까?

①  ②  ③ 

연습 2 **대화를 듣고 답하세요.**

1 맞는 것에  하세요.

① 신이는 책이 많습니다.

② 한국어 책이 쉽습니다.

③ 켈리는 한국 가수를 좋아합니다.

④ 켈리는 매일 한국 영화를 봅니다.

2 신이와 켈리는 무엇을 합니까? 무엇을 좋아합니까? 표에 쓰세요.

	신이	켈리
무엇을 합니까?		
무엇을 좋아합니까?		

연습 1 **글을 읽고 질문에 답하세요.**

> 안녕하세요? 저는 사나입니다. 저는 일본 사람입니다. 저는 지금 한국어를 배웁니다. 이것은 제 한국어 책입니다. 저는 한국어를 좋아합니다. 한국어가 재미있습니다. 그렇지만 한국어가 조금 어렵습니다.
>
> 그리고 저는 한국 음식을 아주 좋아합니다. 그래서 매일 한국 음식을 먹습니다. 한국 음식이 맛있습니다. 그리고 저는 영화를 좋아합니다. 한국 영화, 일본 영화, 미국 영화 모두 좋아합니다. 오늘은 미국 영화를 봅니다.
>
> 저는 화장품을 좋아합니다. 그래서 많이 삽니다. 한국의 화장품은 쌉니다. 그리고 좋습니다.

1 **맞는 것에 ◯ 하세요.**

① 사나는 일본 사람이 아닙니다.

② 사나는 미국 영화를 안 봅니다.

③ 사나는 한국 음악을 좋아합니다.

④ 한국 화장품이 싸고 좋습니다.

2 **질문에 답하세요.**

① 사나는 지금 무엇을 배웁니까?

② 그것이 어떻습니까?

③ 사나는 무엇을 좋아합니까?

연습 2 **여러분에 대해 쓰세요.**

- 여러분은 지금 무엇을 배웁니까?
- 그리고 무엇을 좋아합니까?
- 그것이 어떻습니까?

편의점 문화

한국 편의점엔 정말 '편의'가 있어요. 한국인이 편의점을 사랑하는 이유는 다음과 같아요.

- 다양한 종류의 저렴한 간식이 있어요. 각 편의점 브랜드에서 여러 가지 간식을 만드는데, 이 간식이 엄청난 인기를 끌 때도 있어요.

- 쓰레기봉투를 살 수 있어요. 한국, 특히 큰 도시에서는 쓰레기봉투나 기계에 쓰레기를 버려야 하는데, 편의점이 쓰레기봉투를 파는 곳 중 하나예요.

- 바쁜 직장인을 위한 맛있는 도시락이 있어요.

- 저렴한 가격의 전국 택배 서비스를 제공해요. 국내에 있는 어떤 지점에나 소포를 보낼 수 있고, 어떤 편의점은 국제 택배 서비스도 있어요.

- 식당이나 야간 스낵바가 되기도 해요. 대부분의 편의점은 밖에서 음식을 먹을 수 있는 테라스가 있어요. 싼 가격에 즐길 수 있는 야식 라면과 음료 때문에 인기가 많아요. 간식거리와 마실 것을 고르면 모든 준비가 끝났어요! 떠나기 전 깨끗이 정리하는 것을 잊지 마세요.

04

주요 표현

저는 오늘 출입국 관리 사무소에 갑니다.

문법

명 에 ①

명 와/과(= 하고)

안 형 동 -ㅂ/습니다

형 동 -지 않습니다

한국 이야기

대한민국 출입국 관리 사무소

어휘 및 표현

〔 장소 〕

집	학교	교실	식당	공원
극장/영화관	은행	병원	서점	백화점
회사	공항	약국	커피숍/카페	편의점
슈퍼마켓/마트	지하철역	문구점	대사관	도서관

〔 위치 〕

위	아래/밑	앞	뒤	옆
근처	안	밖	사이	건너편

〔 기타 〕

출입국 관리 사무소　외국인등록증　오른쪽　왼쪽　여기/이곳　거기/그곳　저기/저곳　주로

  명에 ① ································· 

SCAN FOR VIDEO

목적지	장소
 학교에 갑니다.	 휴대폰은 책상 위에 있습니다.

에는 장소 명사 뒤에 붙어 목적지로의 이동이나 사물이 위치하는 곳을 나타냅니다. '가다, 오다, 다니다'와 사용하여 목적지를 나타내고 '있다, 없다'와 사용하여 위치를 나타냅니다.

연습 1 문장을 만드세요.

1 집, 오다 → 집에 옵니다.
2 극장, 가다 →
3 카페, 있다 →
4 편의점, 가다 →
5 회사, 다니다 →

연습 2 그림을 보고 문장을 만드세요.

1 

사과가 책상 위에 있습니다.
= 책상 위에 사과가 있습니다.

2 

3 

4 

5 

6 

7 

8 

9 

SCAN FOR VIDEO

커피와 우유가 맛있습니다.

문구점은 커피숍과 약국 사이에 있습니다.
(문구점은 커피숍하고 약국 사이에 있습니다.)

가: 누구와 같이 밥을 먹습니까?
나: 저는 동생과 같이 밥을 먹습니다.
　　(저는 동생하고 같이 밥을 먹습니다.)

와와 **과**는 두 개 이상의 명사를 연결합니다. 일상 대화에서는 **하고**가 더 많이 사용됩니다. 또한, 명사와의 관계를 나타낼 때도 사용되며 이 경우엔 흔히 부사 '같이, 함께'와 사용됩니다.

연습 1 맞는 것에 ◯ 하세요.

1 사과(**와** / 과) 오렌지가 작습니다.

2 펜(와 / 과) 공책이 쌉니다.

3 완은 민아(와 / 과) 이야기합니다.

4 저는 한국어(와 / 과) 영어를 배웁니다.

5 식당은 병원(와 / 과) 은행 사이에 있습니다.

6 저는 매일 제 강아지(와 / 과) 공원에 갑니다.

연습 2 문장을 만드세요.

1 저, 햄버거, 콜라, 먹다　→　저는 햄버거와 콜라를 먹습니다.

2 휴대폰, 노트북, 비싸다　→　__________________

3 메리, 수지, 키가 크다　→　__________________

4 사나, 중국어, 한국어, 배우다　→　__________________

5 은행, 서점, 편의점, 사이에 있다　→　__________________

6 지훈, 크리스, 같이, 운동하다　→　__________________

SCAN FOR VIDEO

가: 미라 씨는 오늘 학교에 갑니까? 나: 아니요, 오늘 학교에 안 갑니다.	가: 연우 씨는 회사에 다닙니까? 나: 아니요, 저는 회사에 안 다닙니다. 학생입니다.

청소를 안 합니다.	친구는 커피를 안 좋아합니다.	저는 지금 안 피곤합니다.

안은 형용사나 동사 앞에 놓여 부정문을 만듭니다. '-하다'로 끝나는 동사를 주의해야 합니다.
예를 들어 '명사+하다'의 경우, '공부를 하다'와 '공부하다' 두 가지 방법으로 쓸 수 있습니다. '공부를 하다'의 경우,
안은 '하다' 전에 쓰입니다. (공부를 안 하다) 형용사는 분리될 수 없으므로 안은 항상 앞에 쓰입니다. (안 피곤하다)

연습 1 '안'을 활용하여 문장을 만드세요.

1 지갑이 비쌉니다. → 지갑이 안 비쌉니다.

2 켈리는 콜라를 마십니다. →

3 저는 사과를 좋아합니다★. →

4 지훈은 지금 공부를 합니다. →

5 교실은 깨끗합니다. →

연습 2 문장을 완성하세요.

1 가: 지금 음악을 듣습니까?
나: 아니요, 지금 음악을 안 듣습니다.

2 가: 지금 숙제를 합니까?
나: 아니요,

3 가: 오늘 마트에 갑니까?
나: 아니요,

연습 3 질문에 답하세요.

1 커피를 마십니까? 네, 커피를 마십니다. 아니요, 커피를 안 마십니다.

2 고기를 먹습니까? 네, 아니요,

3 오늘 피곤합니까? 네, 아니요,

4 매일 운동을 합니까? 네, 아니요,

지훈은 오늘 기분이 안 좋습니다. = 지훈은 오늘 기분이 좋지 않습니다.

이 식당 점원은 안 친절합니다. = 이 식당 점원은 친절하지 않습니다.

크리스는 말을 안 합니다. = 크리스는 말을 하지 않습니다.

> 형용사, 동사 부정문 '안 -ㅂ/습니다'는 **-지 않습니다**와 바꿔 쓸 수 있습니다. 일상 회화에서는 '안 -ㅂ/습니다'를 더 많이 사용합니다.

연습 1 그림을 보고 문장을 만드세요.

1
가: 친구를 만납니까?
나: 아니요, _친구를 안 만납니다._
    = _친구를 만나지 않습니다._

2
가: 오늘 일을 합니까?
나: 아니요, _______________
    = _______________

3
가: 옷이 깨끗합니까?
나: 아니요, _______________
    = _______________

4
가: 친구와 이야기를 합니까?
나: 아니요, _______________
    = _______________

5
가: 학교에 다닙니까?
나: 아니요, _______________
    = _______________

연습 2 친구와 묻고 답하세요.

명 이/가 아닙니다.

1 _______ 은/는 가수입니까?

2 _______ 은/는 한국 사람입니까?

3 _______ 은/는 매일 커피를 마십니까?

4 _______ 은/는 매일 청소를 합니까?

5 _______ 은/는 중국어를 배웁니까?

6 _______ 은/는 밥을 먹습니까?

대화문

신이: 완 씨, 안녕하세요? 오늘 어디에 갑니까?

완: 저는 오늘 도서관에 갑니다.

신이: 그래요? 공부를 합니까?

완: 아니요, 공부를 안 합니다. 책을 읽습니다.

신이: 도서관이 어디에 있습니까?

완: 도서관은 우리 집 근처에 있습니다.
신이 씨는 오늘 어디에 갑니까?

신이: 저는 오늘 출입국 관리 사무소에 갑니다.
저는 외국인등록증이 필요합니다.
완 씨는 외국인등록증이 있습니까?

완: 저도 지금 없습니다. 그렇지만 내일 받습니다.
신이 씨는 출입국 관리 사무소에 누구와 같이 갑니까?

신이: 제 친구 켈리하고 같이 갑니다.

연습 1 대화문에 대해 답하세요.

1 완은 오늘 어디에 갑니까?

2 도서관은 어디에 있습니까?

3 신이는 오늘 어디에 갑니까?

4 신이는 거기에 왜 갑니까?

연습 2 여러분에 대해 답하세요.

1 여러분은 지금 어디에 있습니까?

2 여러분은 오늘 어디에 갑니까? 그곳이 어디에 있습니까?

3 그곳에 누구와 같이 갑니까?

4 여러분은 외국인등록증이 있습니까?

말하기

 1 그림을 보고 친구와 묻고 답하세요.

1

> 시계가 어디에 있습니까?
> → 시계가 컴퓨터 위에 있습니다.

① 어디에 컴퓨터가 있습니까?

② 책이 어디에 있습니까?

③ 안경이 가방 안에 있습니까?

④ 책상 앞에 무엇이 있습니까?

2

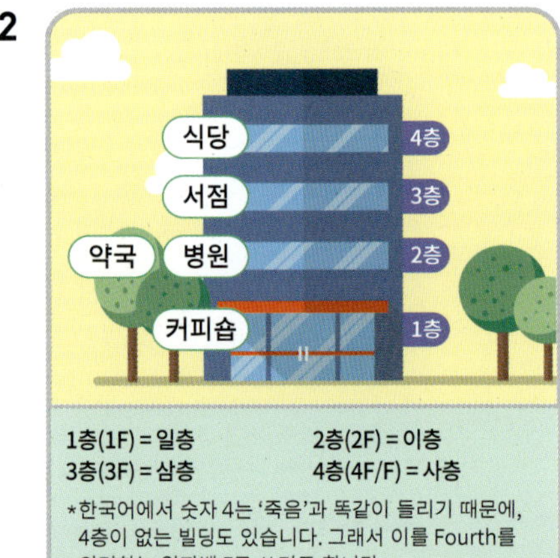

① 약국이 어디에 있습니까?

② 병원이 어디에 있습니까?

③ 식당은 어디에 있습니까?

④ 1층에 무엇이 있습니까?

⑤ 3층에 무엇이 있습니까?

3

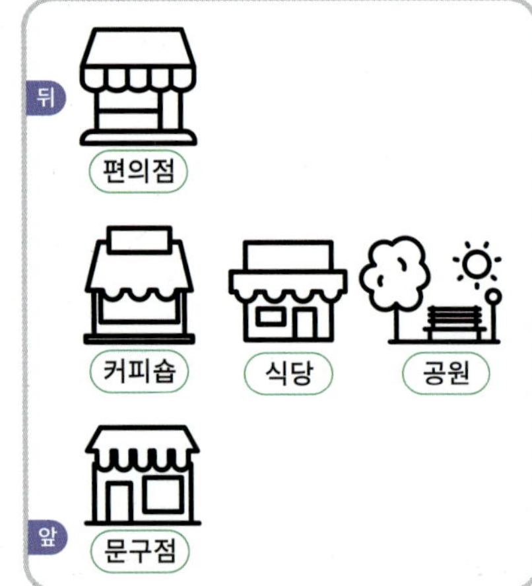

① 문구점은 어디에 있습니까?

② 식당은 어디에 있습니까?

③ 커피숍은 어디에 있습니까?

④ 편의점이 커피숍 뒤에 있습니까?

⑤ 커피숍이 식당과 공원 사이에 있습니까?

발음

받침 + ㅇ

받침 (앞) + 뒤에 오는 'ㅇ' (에) → 받침 자음이 다음 음절로 이동 [아페]

연습 1 단어를 듣고 따라 하세요.

1 ① 앞에 [아페]　　② 옆에 [여페]　　③ 곁에 [겨테]

2 ① 안에 [아네]　　② 밖에 [바께]　　③ 건너편에 [건너펴네]

3 ① 백화점에 [배콰저메]　　② 슈퍼마켓에 [슈퍼마케세]

연습 2 문장을 듣고 따라 하세요.

1 은행 옆에 커피숍이 있습니다.
[여페][커피쇼비]

2 문구점 건너편에 공원이 있습니다.
[건너펴네][공워니]

3 책상 밑에 노트북이 많이 있습니다.
[미테][노트부기][마니]

4 백화점 앞에 슈퍼마켓이 있습니다.
[아페][슈퍼마케시]

5 편의점에 커피와 라면이 있습니다.
[펴늬저메]　　　[라며니]

6 출입국 관리 사무소 앞에 서점이 있습니다.
[추립꾹]　　　[아페][서저미]

연습 3 듣고 따라 하세요.

양양역 앞 양장점은 양양 양장점이고
영양역 앞 영화관은 영양 영화관이다.

큰 토끼통 옆 작은 토끼통, 작은 토끼통 옆 큰 토끼통

역　　양장점　　큰　　토끼　　통　　작은

듣기

연습 1 대화를 듣고 여자 또는 남자가 어디에 있는지 고르세요.

1 ① 공항 ② 시장 ③ 백화점

2 ① 서점 ② 도서관 ③ 슈퍼마켓

3 ① 은행 ② 약국 ③ 문구점

연습 2 대화를 듣고 맞는 것에 ◯ 하세요.

1 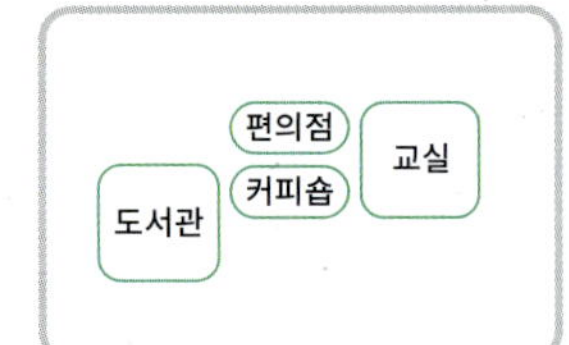

2 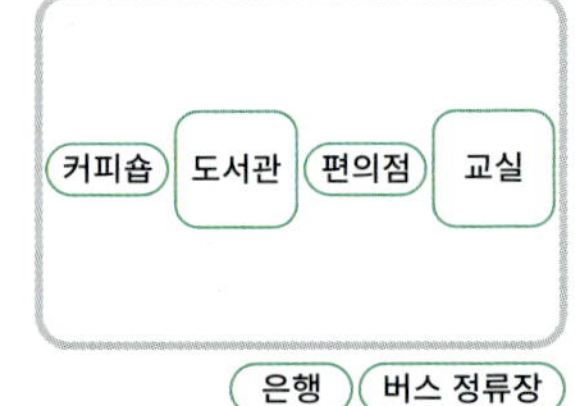

3 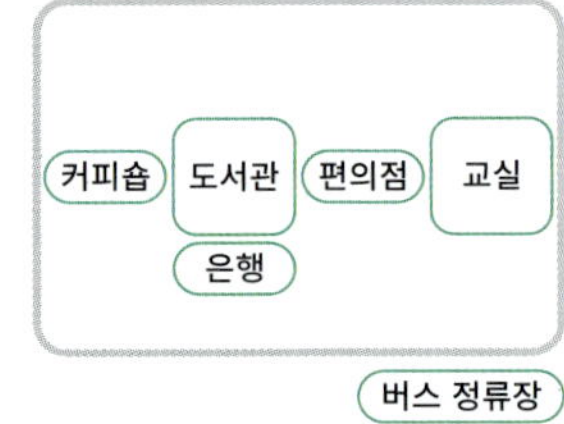

연습 3 대화를 듣고 답하세요.

1 서점은 어디에 있습니까?

2 약국은 어디에 있습니까?

3 누가 공원에 갑니까?

4 약국과 공원은 어디에 있습니까?

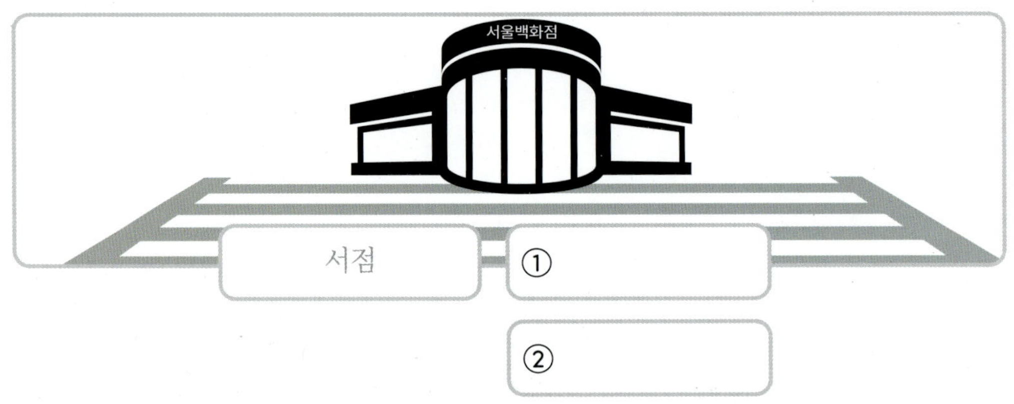

^{연습} 1 글을 읽고 질문에 답하세요.

> 저는 신이입니다. 저는 외국인등록증이 필요합니다. 그래서 오늘 출입국 관리 사무소에 갑니다. 한국의 유학생은 모두 출입국 관리 사무소에 갑니다. 외국인등록증을 받습니다. 미리 인터넷 예약을 합니다. 많이 어렵지 않습니다.
>
> 저는 출입국 관리 사무소에 친구 켈리와 같이 갑니다. 그리고 우리는 카페에 갑니다. 커피하고 케이크를 먹습니다. 저는 케이크를 정말 좋아합니다. 카페 근처에 백화점이 있습니다. 우리는 백화점에 갑니다. 우리는 쇼핑을 좋아합니다. 옷과 가방을 삽니다.

1 맞는 것에 ◯, 틀린 것에 ✕ 하세요.

① 신이는 인터넷 예약이 쉽습니다.　　　　　(　　　)

② 오늘 카페에 가지 않습니다.　　　　　　　(　　　)

③ 카페는 백화점 근처에 있습니다.　　　　　(　　　)

④ 신이와 켈리는 식당과 커피숍에 갑니다.　(　　　)

2 질문에 답하세요.

① 신이는 누구와 같이 출입국 관리 사무소에 갑니까?

② 신이와 켈리는 오늘 무엇을 먹습니까?

③ 백화점이 어디에 있습니까?

^{연습} 2 여러분에 대해 쓰세요.

- 여러분은 오늘 어디에 갑니까?
- 그것은 어디에 있습니까?
- 그리고 무엇을 합니까?

영상을 보고 출입국 관리 사무소에 대해 더 알아보세요!

대한민국 출입국 관리 사무소

한국에 와서 가장 먼저 가야 하는 장소 중 하나는 출입국 관리 사무소예요. 어떤 목적을 가지고 한국에 머무르는 외국인은 비자를 신청해야 해요. 대부분의 학생 비자, 취업 비자, 결혼 비자는 한국 출입국 관리 사무소를 방문하기 전 모국에서 신청해야 해요. 한국 주요 도시에 30개가 넘는 출입국 관리 사무소가 있고, 여러 개의 사무소가 있는 도시도 있어요. 하지만 아무 지점이나 갈 수는 없어요. 거주지에 따라 어디서 신고할지가 달라져요. 지점을 확인하려면 hikorea.go.kr을 확인하세요.

여러분은 출입국 관리 사무소에 방문하기 전, HiKorea 웹 사이트에서 예약을 해야 해요. 긴급 상황에만 예약 없이 당일 방문할 수 있는데, 그렇다고 무조건 일을 처리할 수 있는 건 아니에요. 그런 상황이 생긴다면 가능한 한 빨리 가서 줄을 서세요. 또, 방문 전 필요한 모든 서류를 준비했는지 확인하세요. 추가 문서 때문에 재방문해야 하는 경우도 있어요. 모든 과정이 문제 없이 진행된다면, 방문 수령이나 우편 발송으로 외국인 등록증을 발급받게 돼요. 비자에 대해 궁금한 점이 있다면, 1345(대한민국 국내)에 전화하세요. 이 전화 상담 서비스는 다양한 언어로 제공돼요.

05

SCAN FOR AUDIO

주요 표현

강남역에 갑니다. 강남역에서 친구를 만납니다.

문법

명에서
→ 명에 vs 명에서
명(으)로
동-아/어/해서 ①

한국 이야기

지역 특산물과 명물 음식

어휘 및 표현

〔장소〕

옷 가게

쇼핑몰

매표소

아파트

헬스장

고속버스 터미널

기차역

버스 정류장

택시 정류장

주차장

〔교통수단〕

시내버스

고속버스

지하철

기차

비행기

배

택시

오토바이

자전거

걸어서

〔가는 길〕

신호등

사거리

횡단보도

좌회전

우회전

똑바로/쭉

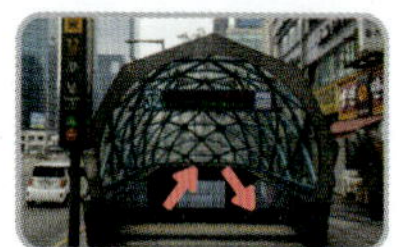
지하철 입구/출구

타다

내리다

건너다

가: 강남역에 왜 갑니까?	저는 공원에서 산책을 합니다.
나: 강남역에서 친구를 만납니다.	저는 매표소에서 영화표를 예매합니다.

에서는 명사 뒤에 붙어 어떤 행동이나 동작이 이루어지고 있는 장소를 나타낼 때 사용됩니다. **에서**를 사용한 문장에는 보통 '있다, 없다, 가다, 오다, 다니다' 외 다른 동사가 쓰입니다.

연습 1 그림을 보고 문장을 만드세요.

1 

저는 공원에서 운동을 합니다.
(공원, 운동, 하다)

2 

____
(식당, 밥, 먹다)

3 

____
(마트, 빵하고 우유, 사다)

4 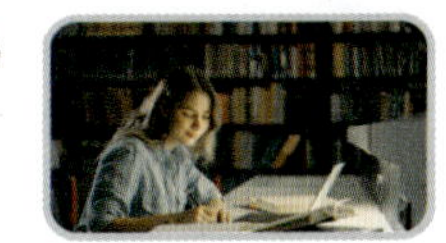

____
(도서관, 공부, 하다)

연습 2 문장을 만드세요.

1 가: 집에서 음악을 듣습니까?
　 나: 네, 집에서 음악을 듣습니다. _______________ (집, 음악, 듣다)

2 가: 영화관에서 영화를 봅니까?
　 나: 네, _______________________ (영화관, 영화, 보다)

3 가: 커피숍에서 친구를 만납니까?
　 나: 아니요, _______________________ (커피숍, 책, 읽다)

4 가: 버스 정류장에서 버스를 탑니까?
　 나: 아니요, _______________________ (버스 정류장, 부모님, 기다리다)

연습 3 질문에 답하세요.

1 쇼핑몰에서 무엇을 합니까?
→ _______________________
→ _______________________
→ _______________________

2 공항에서 무엇을 합니까?
→ _______________________
→ _______________________
→ _______________________

에	에서

친구가 백화점에 있습니다.	친구가 백화점에서 옷을 삽니다.

에는 목적지로의 이동이나 사물이나 위치하는 곳을 나타냅니다. **에서**는 어떠한 행동이나 동작이 이루어지고 있는 장소에 대해 말할 때 사용합니다.

연습 4 맞는 것에 ◯ 하세요.

1 저는 오늘 서점(에 / 에서) 갑니다.

2 저는 학교(에 / 에서) 한국어를 공부합니다.

3 톰은 공항(에 / 에서) 갑니다. 공항(에 / 에서) 친구를 기다립니다.

4 루시는 한국(에 / 에서) 회사(에 / 에서) 다닙니다. 학교(에 / 에서) 다니지 않습니다.

5 왜 헬스장(에 / 에서) 안 갑니까? 저는 공원(에 / 에서) 운동을 합니다.

연습 5 그림을 보고 질문에 답하세요.

1 

가: 민아 씨, 어디에 갑니까?

나: 도서관에 갑니다.

2 

가: 샌드위치를 어디에서 먹습니까?

나: ______________

3 

가: 주로 어디에서 쇼핑을 합니까?

나: ______________

4 

가: 주말에 어디에서 무엇을 합니까?

나: ______________

연습 6 질문에 답하세요.

1 주로 어디에서 운동을 합니까?

____

2 어디에서 점심을 먹습니까? 거기에서 주로 무엇을 먹습니까?

가: 진아 씨, 집에 어떻게 갑니까?
나: 여기에서 버스로 갑니다.

가: 이 버스는 어디로 갑니까?
나: 이 버스는 이태원역으로 갑니다.

(으)로는 명사 뒤에 붙어 이동 방향과 어떤 행동의 수단, 방법, 도구, 물건의 재료를 나타낼 때 사용합니다. 'ㄹ'외의 자음으로 끝나는 단어에는 으로를 쓰고, 'ㄹ'이나 모음으로 끝나는 단어에는 로를 씁니다.

연습 1 표를 완성하세요.

로		(으)로	
버스	버스로	트럭	트럭으로
자전거		계단	
아래		지하철	

연습 2 문장을 만드세요.

1 가: 이 기차는 어디로 갑니까?
　 나: 부산으로 갑니다. _________________________ (부산, 가다)

2 가: 여기에서 어디로 나갑니까?
　 나: _________________________ (7번 출구, 나가다)

3 가: 방학에 어디로 여행을 갑니까?
　 나: _________________________ (제주도, 여행, 가다)

4 가: 여기에서 어떻게 갑니까?
　 나: _________________________ (계단, 내려가다)

연습 3 질문에 답하세요.

1 제주도에 어떻게 갑니까? _________________________

2 학교/회사에 어떻게 갑니까? _________________________

3 방학/휴가에 어디로 여행을 갑니까? _________________________

 ③  동-아/어/해서 ① 

SCAN FOR VIDEO

| 만나다 ▶ 만나서 | 먹다 ▶ 먹어서 | 요리하다 ▶ 요리해서 |

길을 건너다

▶

버스를 타다

길을 건너서 버스를 탑니다.

-아/어/해서는 동사와 결합하여 어떤 일을 하고 그것과 관계가 있는 다른 일을 이어서 할 때 사용한다. 시간 순서에 따라 연결을 나타내는 '**-아/어/해서**'는 앞뒤의 주어가 같아야 한다.

ㅏ, ㅗ	ㅏ, ㅗ 제외	하다
가다 + **-아서** → 가서	**건너**다 + **-어서** → 건너서	쇼핑**하**다 → 쇼핑해서

연습 1 표를 완성하세요.

-아서		-어서		-해서	
타다	타서	건너다		요리하다	
만나다		먹다		쇼핑하다	
보다		내리다	내려서	공부하다	
오다		씻다		산책하다	산책해서

연습 2 문장을 만드세요.

1 강남역에서 내리다 ▶ 버스를 타다

가: 회사에 어떻게 갑니까?
나: 강남역에서 내려서 버스를 탑니다.

2 친구를 만나다 ▶ 영화를 보다

가: 주말에 주로 무엇을 합니까?
나:

3 샌드위치를 만들다 ▶ 먹다

가: 아침에 무엇을 먹습니까?
나:

4 편지를 쓰다 ▶ 보내다

가: 에릭 씨는 무엇을 합니까?
나:

대화문

사나: 완 씨, 오늘 어디에 갑니까?

완: 강남역에 갑니다. 강남역에서 친구를 만납니다.

사나: 강남역에 어떻게 갑니까?

완: 여기에서 지하철을 탑니다. 그리고 신논현역에서 버스로 갈아타서 강남역 버스 정류장에서 내립니다.

사나: 강남역에서 무엇을 합니까?

완: 쇼핑몰에 갑니다. 쇼핑몰에서 옷하고 신발을 삽니다. 그리고 맛집에 가서 저녁을 먹습니다.

사나: 그 식당은 음식이 맛있습니까?

완: 네, 아주 맛있습니다.

사나: 거기에 어떻게 갑니까?

완: 강남역 7번 출구로 나와서 앞으로 쭉 갑니다. 그러면 왼쪽에 있습니다.

연습 1 대화문에 대해 답하세요.

1 완은 오늘 어디에 갑니까?

2 강남역에 어떻게 갑니까?

3 강남역에서 무엇을 합니까?

4 맛집에 어떻게 갑니까?

연습 2 여러분에 대해 답하세요.

1 여러분은 오늘 어디에 갑니까?

2 그곳에 어떻게 갑니까?

3 거기에서 무엇을 합니까?

말하기 ·······················

연습 1 **친구와 묻고 답하세요.**

보기

가: _________ 씨, 오늘 어디에 갑니까?

나: _공항_ 에 갑니다.

가: 거기에 어떻게 갑니까?

나: _택시로_ 갑니다.

_________ 씨는 오늘 무엇을 합니까?

가: 저는 _서점_ 에 갑니다. _서점_ 에서 _책을 삽니다._

연습 2 **여름 계획에 대해 말하세요.**

보기

여름에 저는 주로 _친구_ 하고 같이 _제주도에 갑니다._

비행기로 갑니다. _제주도_ 에서 _바다를 봅니다._

_친구_ 하고 같이 _사진을 찍습니다._ _그리고_ _맛집에 가서_

한국 음식을 먹습니다.

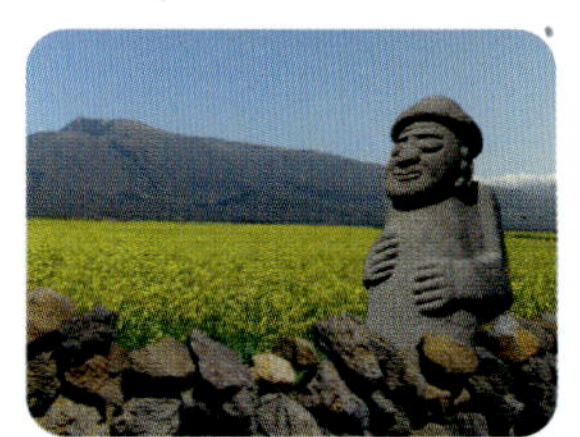

여름에 저는 주로 _____________ 하고 같이 _________________________

________________________________ _______________________ 에서 _______________________

_____________ 하고 같이 _________________________ 그리고 _______________________

____

> **역 → 녕**
> 받침 (강남) + 뒤에 오는 음절이 [이, 아, 여, 요, 유]으로 시작 (역) → 'ㄴ'음을 넣어서
> [니, 냐, 녀, 뇨, 뉴] [강**남녀**]

연습 1 역 이름을 듣고 따라 하세요.

1 강남역 [강남녀]		**2** 역삼역 [역삼녀]		**3** 이태원역 [이태원녀]
4 논현역 [노년녀]		**5** 사당역 [사당녀]		**6** 시청역 [시청녀]
7 동작역 [동장녀]		**8** 공덕역 [공덕녀]		**9** 진접역 [진점녀]

연습 2 문장을 듣고 따라 하세요.

1 저는 이태원역으로 갑니다.

2 매튜는 역삼역에서 내립니다.

3 저와 선생님은 공덕역에서 만납니다.

4 밍하오는 서울숲역에 있습니다.

5 **가:** 논현역에서 갈아탑니까?
　　나: 아니요. 강남역에서 갈아탑니다.

연습 3 듣고 따라 하세요.

> 저는 오늘 이태원에 갑니다. 집 근처에서 버스를 탑니다. 버스에서 지하철로 갈아탑니다.
> 이태원역에서 내립니다. 이태원역 육 번 출구로 나갑니다. 육 번 출구에서 친구를 만납니다.
> 친구를 만나서 점심을 먹습니다. 그리고 강남역에 갑니다. 거기에서 쇼핑을 합니다.
> 내일은 회사에 갑니다. 그래서 논현역에 갑니다.

> 오늘　　육　　번　　쇼핑(을) 하다　　내일

듣기

연습 1 대화를 듣고 답하세요.

1 명동에 어떻게 갔습니까?

①  ▶ 　②  ▶ 　③  ▶ 

2 명동에서 뭘 합니까?

① 　② 　③ 

연습 2 대화를 듣고 답하세요.

1 틀린 것에  하세요.

① 사나는 주말에 친구를 만납니다.

② 사나는 친구하고 쇼핑을 합니다.

③ 지훈은 도서관에서 책을 빌립니다.

④ 지훈은 친구와 같이 도서관에 갑니다.

2 질문에 답하세요.

① 사나는 주말에 어디에 갑니까?

② 사나는 거기에서 무엇을 합니까?

③ 지훈은 주말에 어디에 갑니까?

④ 지훈은 거기에서 무엇을 합니까?

연습 1 글을 읽고 질문에 답하세요.

　　안녕하세요. 저는 완입니다. 저는 이번 주말에 남이섬에 갑니다. 남이섬은 춘천에 있습니다. 용산역에서 기차를 탑니다. 가평역에 내려서 버스로 갈아탑니다. 그리고 남이섬 매표소에서 입장권을 삽니다. 선착장에서 배를 탑니다. 그러면 남이섬에 도착합니다.

　　남이섬에는 꽃과 나무가 많이 있습니다. 강도 아주 아름답습니다. 그래서 사람들은 산책을 많이 합니다. 자전거도 빌려서 탑니다. 남이섬에는 디저트 가게가 있습니다. 사람들이 디저트 가게에 가서 커피와 아이스크림을 먹습니다. 아이스크림이 아주 맛있습니다. 남이섬은 유명합니다. 그래서 외국 사람들도 많이 갑니다.

1 틀린 것에 ◯ 하세요.

① 용산역에서 버스를 탑니다.

② 남이섬에는 꽃과 나무가 많습니다.

③ 사람들은 자전거를 빌려서 탑니다.

④ 디저트 가게에 커피와 아이스크림이 있습니다.

2 질문에 답하세요.

① 남이섬에 어떻게 갑니까?

② 남이섬에서 무엇을 합니까?

③ 외국 사람들은 왜 남이섬에 많이 갑니까?

연습 2 여러분에 대해 쓰세요.

- 어디에 갑니까?
- 누구하고 같이 갑니까?
- 거기에 어떻게 갑니까?
- 거기에서 무엇을 합니까?

지역 특산물과 명물 음식

만약 여러분이 한국에서 여행하고 한국인 친구에게 그 여행에 대해 말한다면, 한국인 친구는 바로 "너 거기서 ________ 먹을 거니 / 먹었니?"라고 물을 거예요.

각 지역, 심지어는 도시마다 특산물이 있어요. 특산물은 사과나 소고기 같은 농산물일 수도 있고, 도자기 같은 상품일 수도 있어요. 또 지역별로 잘 알려진 명물 음식이 있어요. 어떤 지역의 음식이 유명해지면, 그곳엔 먹자거리나 먹자골목이 생겨요. 한국의 다양한 지역, 구역 명물 음식은 다음과 같아요.

지역	음식
전주	한정식, 비빔밥
부산	국밥, 밀면
속초	오징어순대, 장칼국수
춘천	닭갈비, 막국수
안동	찜닭, 소주
나주	곰탕
홍천/횡성	한우
제주도	흑돼지, 옥돔구이
담양	떡갈비, 대통밥

서울 내 구역	음식
왕십리	곱창
공덕동	족발
신림동	백순대
종로3가	보쌈
동대문	닭한마리, 백숙
남대문시장	갈치조림, 칼국수
신당동	떡볶이
가락시장/노량진수산물시장	회, 생선

연습 1 문장을 완성하세요.

이것은 무엇입니까? ▶

1 모자 입니다.

2 ＿＿＿ 입니다.

3 ＿＿＿ 입니다.

이 사람은 누구입니까? ▶

4 ＿＿＿ 입니다.

5 ＿＿＿ 입니다.

6 ＿＿＿ 입니다.

이곳은 어디입니까? ▶

7 ＿＿＿ 입니다.

8 ＿＿＿ 입니다.

9 ＿＿＿ 입니다.

연습 2 문장을 완성하세요.

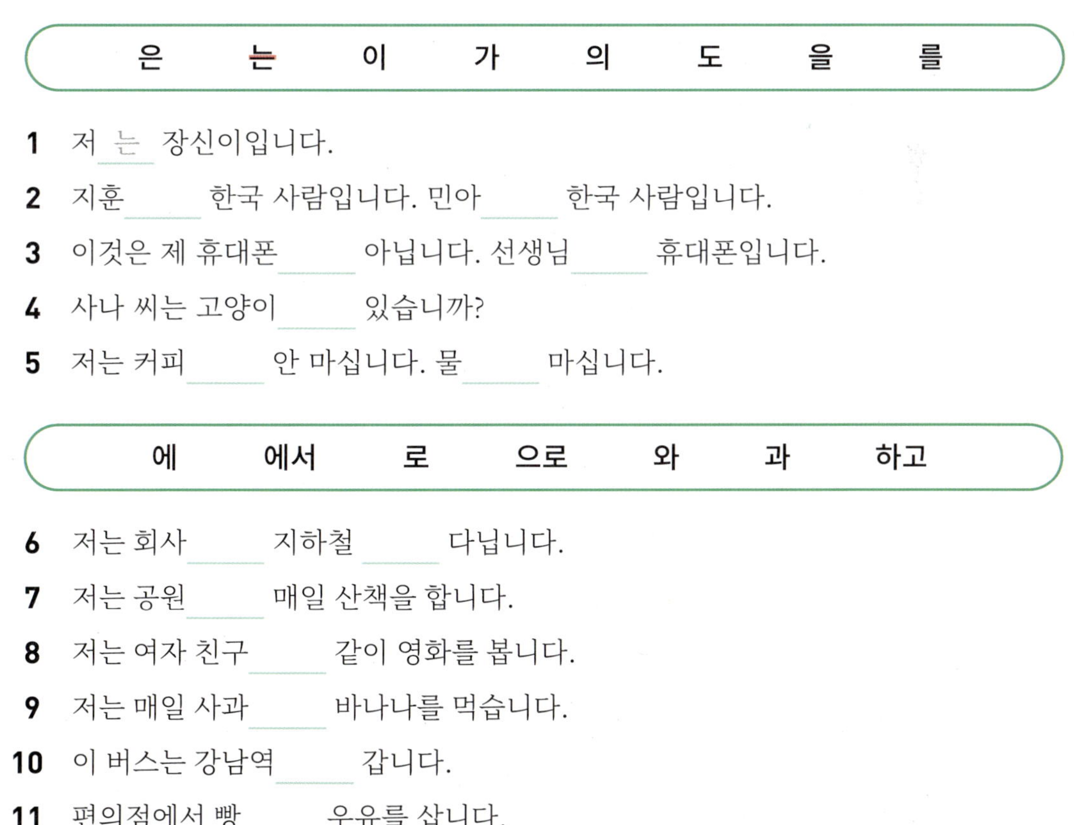

은	는	이	가	의	도	을	를

1 저 는 장신이입니다.

2 지훈＿＿＿ 한국 사람입니다. 민아＿＿＿ 한국 사람입니다.

3 이것은 제 휴대폰＿＿＿ 아닙니다. 선생님＿＿＿ 휴대폰입니다.

4 사나 씨는 고양이＿＿＿ 있습니까?

5 저는 커피＿＿＿ 안 마십니다. 물＿＿＿ 마십니다.

에	에서	로	으로	와	과	하고

6 저는 회사＿＿＿ 지하철＿＿＿ 다닙니다.

7 저는 공원＿＿＿ 매일 산책을 합니다.

8 저는 여자 친구＿＿＿ 같이 영화를 봅니다.

9 저는 매일 사과＿＿＿ 바나나를 먹습니다.

10 이 버스는 강남역＿＿＿ 갑니다.

11 편의점에서 빵＿＿＿ 우유를 삽니다.

1 무슨 음식을 좋아합니까? (좋아하다 + -ㅂ/습니까?)

2 이것은 제 ___________________________ (펜 + 이/가 아닙니다)

3 그 식당의 점원은 ___________________________ (안 + 친절하다)

4 저는 매일 ___________________________ (운동을 하다 + -지 않습니다)

5 제 친구는 중국어를 ___________________________ (안 + 배우다)

6 저는 오늘 친구를 ___________________________ 카페에 갑니다. (만나다 + -아/어/해서)

연습 **4** 문장을 만드세요.

1 가: 그것은 무엇입니까?
　　나: 이것은 제 시계입니다.　　　　(이것, 저, 시계)

2 가: 오늘 무엇을 합니까?
　　나: ___________________________ (친구, 영화, 보다)

3 가: 그 영화가 어떻습니까?
　　나: ___________________________ (이 영화, 아주, 재미있다)

4 가: 지금 지훈 씨가 공원에 있습니까?
　　나: 아니요, _____________ (공원, 없다) _____________ (학교, 있다)

5 가: 민아 씨, 도서관에서 뭘 합니까?
　　나: ___________________________ (도서관, 책, 읽다)

연습 **5** 문장을 완성하세요.

> 싸다　　**쉽다**　　**어렵다**　　많다　　적다　　짧다　　길다　　크다

1 가: 이 책이 어렵습니까?
　　나: 아니요, 어렵지 않습니다. 책이 쉽습니다.

2 가: 민아 씨의 가방이 어떻습니까?
　　나: 민아 씨의 가방은 ___________________________ 가방이 아주 작습니다.

3 가: 그 화장품이 어떻습니까?
　　나: 비싸지 않습니다. 화장품이 아주 ___________________________

4 가: 그 식당에 사람이 많습니까?
　　나: 아니요, _______________ 사람이 _______________

5 가: 사나 씨의 언니는 머리가 깁니까?
　　나: 아니요, _______________ 제 언니는 머리가 _______________

06

주요 표현

저는 보통 아침 일곱 시에 일어나요.

문법

명 에 ②

형 동 -아/어/해요, 명 예요/이에요

ㄷ 불규칙

한국 이야기

생활 스타일

어휘 및 표현

〔하루 일〕

일어나다

세수(를) 하다

이를 닦다

열다

닫다

가르치다

수업(을) 듣다

시작하다

끝나다

입다

출근(을) 하다

퇴근(을) 하다

회의(를) 하다

아르바이트(를) 하다

샤워(를) 하다

요리(를) 하다

설거지(를) 하다

빨래(를) 하다

쉬다

잠(을) 자다

〔숫자〕

	1	2	3	4	5	6	7	8	9	10
한자어	일	이	삼	사	오	육	칠	팔	구	십
고유어	하나	둘	셋	넷	다섯	여섯	일곱	여덟	아홉	열
	11	12	13	14	15	16	17	18	19	20
한자어	십일	십이	십삼	십사	십오	십육	십칠	십팔	십구	이십
고유어	열하나	열둘	열셋	열넷	열다섯	열여섯	열일곱	열여덟	열아홉	스물
	30	40	50	60	70	80	90	100	1,000	10,000
한자어	삼십	사십	오십	육십	칠십	팔십	구십	백	천	만
고유어	서른	마흔	쉰	예순	일흔	여든	아흔			

	100,000		1,000,000		10,000,000		100,000,000		1,000,000,000	
한자어	십만		백만		천만		억		십억	

[시간 표현]

몇 시?

여덟 시

1시	한 시
2시	두 시
3시	세 시
4시	네 시
5시	다섯 시
6시	여섯 시
7시	일곱 시
8시	여덟 시
9시	아홉 시
10시	열 시
11시	열한 시
12시	열두 시

몇 분?

사십오 분

5분	오 분
10분	십 분
15분	십오 분
20분	이십 분
25분	이십오 분
30분	삼십 분(=반)
35분	삼십오 분
40분	사십 분
45분	사십오 분
50분	오십 분(=십 분 전)
55분	오십오 분(=오 분 전)

오전	오후	낮	밤	새벽
아침		점심		저녁

가: 지금 몇 시입니까?	가: 지금 몇 분입니까?	가: 지금 몇 시 (몇 분)입니까?
나: 저녁 여덟 시입니다.	나: 사십오 분입니다.	나: 오후 여덟 시 사십오 분입니다.

시간을 나타내기 위해 시각 숫자와 단위 명사 **시**를 쓰고, 분 숫자와 단위 명사 **분**을 씁니다. 시각을 나타낼 때는 순우리말 숫자(하나, 둘, 셋, 넷...)를 사용하고, 분을 나타낼 때는 한자어 숫자(일, 이, 삼, 사...)를 사용합니다. '하나, 둘, 셋, 넷' 다음 단위 명사가 올 때는 '한, 두, 세, 네'로 읽습니다. (한 시, 두 시...)

연습 1 시계를 보고 시간을 쓰세요.

1 

___두 시 사십 분___

2 

____

3 

___________ or ___________

4 

___________ or ___________

연습 2 시간을 한글로 써서 문장을 만드세요.

1 가: 몇 시에 일어납니까?
　　나: _아침 여섯 시 사십오 분에 일어납니다._ (아침, 6시 45분)

2 가: 몇 시에 수업을 듣습니까?
　　나: ___________ (오전, 10시 10분)

3 가: 언제 한국어를 배웁니까?
　　나: ___________ (오후, 4시 30분)

SCAN FOR VIDEO

가: 몇 시에 친구를 만납니까? 나: 오늘 오후 일곱 시에 만납니다.	가: 사나 씨는 언제 운동을 합니까? 나: 저는 저녁에 운동을 합니다.	가: 오전에 공부를 합니까? 나: 아니요, 오후에 공부를 합니다.

에는 시간을 나타내는 명사와 함께 쓰여 어떤 행동이나 일이 일어나는 시간을 말합니다. '오늘, 어제, 내일, 모레, 그제/그저께'는 에와 함께 쓰이지 않습니다.

연습 1 문장을 만드세요.

1

가: 몇 시에 수업이 끝납니까?
나: 두 시에 끝납니다.

2

가: 언제 일어납니까?
나: ______________

3

가: 점심시간이 몇 시에 시작합니까?
나: ______________

4

가: 지하철이 몇 시에 옵니까?
나: ______________

연습 2 문장을 만드세요.

1 오후, 1시, 공원, 가다 → 오후 한 시에 공원에 갑니다.

2 오전, 8시, 아침★, 먹다 → ______________

3 오늘, 오후, 3시, 청소하다 → ______________

4 내일, 저녁, 영화, 보다 → ______________

> ★ 도와줘요, 알렉스!
>
> 아침과 저녁은 식사를 의미하기도 해요. 의미를 구분하기 위해 동사를 확인하세요.
>
> **저녁에** 운동해요. (시간)
> **저녁을** 먹어요. (식사)

연습 3 제인의 시간표를 보고 이야기하세요.

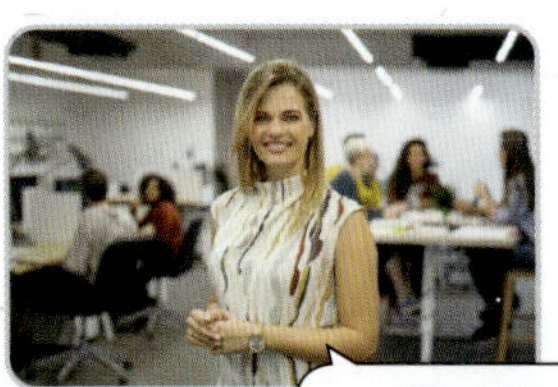

8:00	출근하다
12:30	점심을 먹다
4:20	회의하다
5:55	퇴근하다

 ② 형 동 -아/어/해요, 명 예요/이에요 ··········  

가다 ▶ 가요	읽다 ▶ 읽어요	일하다 ▶ 일해요	학생 ▶ 학생이에요

가: 친구를 만나요?
나: 네, 세 시에 만나요.
　그리고 다섯 시에 밥을 먹어요.

가: 청소해요?
나: 아니요, 빨래해요.

가: 이 사람은 여동생이에요?
나: 아니요, 여동생이 아니에요.
　언니예요.

-아/어/해요는 형용사나 동사 결합하여 현재 시제를 나타냅니다. 한국어에서 일상적이고 비격식적으로 사용되는 어미입니다. '아닙니다'의 -아/어/해요 형태는 '아니에요'입니다. 명사에는 예요/이에요를 사용합니다.

연습 **1** 표를 완성하세요.

-아요		-어요		-해요	
자다	자요	주다		좋아하다	
일어나다		적다		친절하다	친절해요
싸다		쉬다		시작하다	
작다		입다		회의하다	
오다		맛있다	맛있어요	요리하다	
보다		열다		**예요/이에요**	
좋다		마시다		친구	친구예요
닫다		다니다		학생	

연습 **2** 그림을 보고 문장을 완성하세요.

1 

가: 메리 씨는 오늘 오후에 뭐 해요?
나: 집에서 　요리해요.

2 

가: 해리 씨, 지금 뭐 해요?
나: 화장실에서 ______________

3 

가: 민아 씨는 밤 열 시에 뭐 해요?
나: 제 방에서 ______________

4 

가: 마트에 바나나가 없어요?
나: 아니요, ______________

걷다 ▶ 걸어요	듣다 ▶ 들어요
가: 지금 뭐 해요?	가: 지금 음악을 들어요?
나: 공원에서 걸어요.	나: 아니요, 듣지 않습니다.

ㄷ 받침으로 끝나는 몇몇 동사(듣다, 걷다, 묻다)는 불규칙적이어서, 활용 시 뒤에 모음이 결합하면 ㄷ이 ㄹ로 바뀝니다.

연습 1 표를 완성하세요.

	-아/어/해요	-아/어/해서	-ㅂ/습니다	-지 않아요
듣다	들어요			
걷다			걷습니다	
묻다				묻지 않아요
닫다		닫아서		
받다				

연습 2 밑줄친 부분을 '-아/어/해요'로 바꾸세요.

> 저는 캐나다 **1** 사람입니다. 아침에 학교에 **2** 갑니다. 학교에서 선생님의 수업을 **3** 듣습니다. 수업이 오후에 **4** 끝납니다. 식당에서 친구를 **5** 만납니다. 친구는 캐나다 사람이 **6** 아닙니다. 베트남 **7** 사람입니다. 우리는 같이 점심을 **8** 먹습니다. 그리고 집에 가서 **9** 쉽니다. 저녁에 공원에서 **10** 걷습니다. 저는 보통 새벽에 **11** 공부합니다. 그리고 새벽에 커피도 **12** 마십니다. 카페는 저녁에 일찍 문을 **13** 닫습니다. 그리고 마트는 새벽에 문을 **14** 열지 않습니다. 그래서 저는 새벽에 편의점에 가서 커피를 **15** 삽니다.

저는 캐나다 **1** 사람이에요 . 아침에 학교에 **2** ________ . 학교에서 선생님의 수업을

3 ________ . 수업이 오후에 **4** ________ . 식당에서 친구를 **5** ________ .

친구는 캐나다 사람이 **6** ________ . 베트남 **7** ________ . 우리는 같이 점심을

8 ________ . 그리고 집에 가서 **9** ________ . 저녁에 공원에서 **10** ________

저는 보통 새벽에 **11** ________ . 그리고 새벽에 커피도 **12** ________ . 카페는 저녁에

일찍 문을 **13** ________ . 그리고 마트는 새벽에 문을 **14** ________ . 그래서 저는 새벽

에 편의점에 가서 커피를 **15** ________ .

대화문

완: 신이 씨는 몇 시에 일어나요?

신이: 저는 보통 아침 7시에 일어나요.

완: 아침에 일어나서 뭐 해요?

신이: 세수를 하고 이를 닦아요.

완: 아침은 안 먹어요?

신이: 네, 아침은 먹지 않아요.

완: 몇 시에 잠을 자요?

신이: 보통 11시쯤에 자요.

완: 언제 한국어 숙제를 해요?

신이: 6시에 친구와 카페에서 같이 숙제를 해요. 그리고 집에 가요.

완: 집에 가서 뭐 해요?

신이: 저는 한국 노래를 좋아해요. 그래서 보통 인터넷에서 한국 노래를 찾아서 들어요.

연습 1 대화문에 대해 답하세요.

1 신이는 보통 몇 시에 일어나요?

2 신이는 아침에 일어나서 뭐 해요?

3 신이는 아침을 먹어요?

4 신이는 언제 잠을 자요?

연습 2 여러분에 대해 답하세요.

1 보통 아침에 몇 시에 일어나요?

2 보통 몇 시에 점심을 먹어요?

3 보통 언제 잠을 자요?

연습 1 시계를 보고 친구와 묻고 답하세요.

보기

가: 지금 몇 시예요?

나: <u>오전 일곱 시 오십 분/여덟 시 십 분 전</u> 이에요.

1 AM 08:40 **2** PM 02:20 **3** PM 05:55 **4** PM 11:30

연습 2 그림과 시간을 보고 친구와 묻고 답하세요.

보기

가: 언제 세수를 해요?

나: 오전 일곱 시 반에 세수를 해요.

1 오전 8:30

2 낮 1:00

3 오후 3:20

4 오후 4:00

5 저녁 6:40

6 밤 9:15

연습 3 친구와 묻고 답하세요.

1 언제 출근해요? / 언제 학교에 가요?

2 몇 시에 수업을 들어요?

3 몇 시에 수업이 끝나요?

4 오늘 오후에 뭐 해요?

발음  

받침 음절 [ㄷ] + ㄱ, ㄷ, ㅂ, ㅅ, ㅈ

받침 발음 [ㄷ] (다섯) + 뒤에 오는 'ㄱ, ㄷ, ㅂ, ㅅ, ㅈ' (시) → 뒤에 오는 자음은
[ㄲ, ㄸ, ㅃ, ㅆ, ㅉ] [다섣씨]

받침	발음	받침	발음
1 받침 ㄷ	듣다 [듣따]	2 받침 ㅌ	얕다 [얃따]
3 받침 ㅅ	옷장 [옫짱]	4 받침 ㅆ	있습니다 [읻씀니다]
5 받침 ㅈ	낮과 [낟꽈]	6 받침 ㅊ	꽃병 [꼳뼝]
7 받침 ㅎ	히읗과 [히읃꽈]		

연습 1 단어를 듣고 따라 하세요.

1 몇 시 [멷씨]
2 몇 분 [멷뿐]
3 낮과 밤 [낟꽈밤]
4 꽃집 [꼳찝]
5 듣다 [듣따]
6 듣지 않아요 [듣찌 아나요]
7 걷다 [걷따]
8 묻다 [묻따]
9 있다 [읻따]
10 닫지 않아요 [닫찌 아나요]
11 다섯 시 [다섣씨]
12 여섯 시 [여섣씨]

연습 2 문장을 듣고 따라 하세요.

1 지금 몇 시 몇 분이에요?
2 다섯 시 오십오 분이에요.
3 여섯 시에 친구를 만나요.
4 저는 노래를 듣지 않아요.
5 이 가게는 새벽에도 문을 닫지 않아요.
6 가방을 샀습니다. 그리고 꽃도 사고 옷도 샀습니다.

연습 3 듣고 따라 하세요.

> 민아는 지금 노래를 듣고 있습니다.
> 완은 지금 공원에서 걷고 있습니다.
> 우리는 다섯 시에 만나서 꽃집에 갈 겁니다.
> 그 꽃집은 여섯 시에 문을 닫습니다.

노래를 듣다   꽃집   문을 닫다

듣기

연습 1 대화를 듣고 시간을 쓰세요.

1   :   2   :   3   :

연습 2 대화를 듣고 답하세요.

1 알맞은 것을 연결하세요.

①  •

②  •

③ •

2 맞는 것에 ◯, 틀린 것에 ✕ 하세요.

① 크리스는 오전에 운동과 공부를 해요.   (   )

② 크리스는 오전에 일을 해요.   (   )

③ 크리스는 학원에서 수업을 들어요.   (   )

④ 크리스는 10시 30분에 퇴근해요.   (   )

읽기와 쓰기

 글을 읽고 질문에 답하세요.

완 씨의 하루

저는 보통 아침에 일찍 일어나요. 여섯 시에 일어나서 세수를 해요. 면도도 해요. 그리고 아침을 먹어요. 저는 요리를 안 해요. 그리고 아침에 식당은 문을 안 열어요. 그래서 편의점에서 사서 먹어요. 그리고 여덟 시 반쯤에 학교에 가요. 학교에서 신이 씨를 만나요. 신이 씨도 학생이에요. 우리는 아홉 시에 수업을 들어요. 한 시에 수업이 끝나요. 그리고 점심을 먹어요. 우리는 학교 옆 식당에 자주 가요. 거기 음식이 싸요. 그리고 맛있어요. 우리는 산책을 좋아해요. 그래서 학교 운동장에서 자주 걸어요. 우리 집은 학교 근처에 있어요. 그래서 저는 집에 걸어서 가요. 그리고 집 근처 서점에서 아르바이트를 해요. 아르바이트는 다섯 시에 시작해요. 서점은 아홉 시에 문을 닫아요. 그렇지만 저는 열 시에 아르바이트가 끝나요. 열 시 반에 집에 가서 샤워해요. 그리고 열두 시 십 분 전쯤 잠을 자요.

---

1 맞는 것에 〇, 틀린 것에 ✕ 하세요.

① 완은 보통 아침을 요리해서 먹어요.　　　　　　（　　）

② 완은 아침 8시 30분쯤 학교에 가서 신이를 만나요.　（　　）

③ 완은 신이하고 같이 점심을 먹어요.　　　　　　（　　）

④ 완은 12시 50분쯤에 잠을 자요.　　　　　　　（　　）

2 순서대로 쓰세요.

（　　　　　）▶（　　　　　）▶（　　　　　）▶（　　　　　）

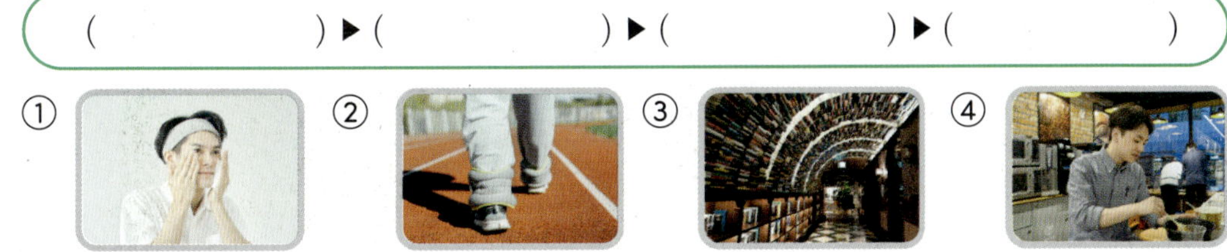

① ② ③ ④

 여러분에 대해 쓰세요.

- 아침에 일어나서 무엇을 해요?
- 어디에서 점심을 먹어요?
- 오후에 무엇을 해요?

한국 이야기

생활 스타일

요즘 한국인들은 갓생, 욜로, 플렉스, 소확행 네 가지의 생활 스타일을 가지고 있어요.

갓생은 신을 뜻하는 영어 단어 God과 인생을 뜻하는 생(生)에서 왔어요. 성실하고 모범적인 생활을 한다는 뜻이에요. 친절하면서도 생산적인 사람이 되려고 노력할 뿐 아니라 여가 시간에 공부하고, 열정 있는 분야에 투자하며, 심지어 두 번째 직업을 갖기도 해요.

욜로는 잘 알려진 YOLO 문화예요. 인생은 한 번뿐이기 때문에 현재에 충실하며 삶을 즐기고, 미래에 대해 너무 많이 걱정하지 않고 인생을 살아야 한다는 뜻이에요.

플렉스는 영어 단어 flex에서 왔고, 사치스럽게 돈을 쓴다는 뜻이에요. 유명 브랜드 가방을 사거나 비싼 식당에서 외식하는 것을 말해요. 명품 가방이 있다면 퇴직 연금이 무슨 필요가 있겠어요?

마지막으로 소확행은 '소소하지만 확실한 행복'의 줄임말이에요. 노을이나 맛있는 커피 한 잔 같이 인생의 작은 부분에서 행복과 즐거움을 찾을 때 쓰는 말이에요.

여러분은 어떤 생활 스타일을 따르고 싶나요?

07

SCAN FOR AUDIO

주요 표현
공연이 멋있고 재미있었어요.

문법
형 동 -았/었/했어요, 명 였/이었어요
형 동 -고, 명 (이)고
— 탈락

한국 이야기
주말 활동

어휘 및 표현

[주말 활동]

놀다

노래(를) 하다

춤(을) 추다

게임(을) 하다

공연(을) 보다

여행(을) 하다/가다

구경(을) 하다

운전(을) 하다

일기(를) 쓰다

통화(를) 하다

등산(을) 하다

수영(을) 하다

집안일(을) 하다

쓰레기를 버리다

장(을) 보다

식사(를) 하다

외식(을) 하다

그림(을) 그리다

머리를 하다

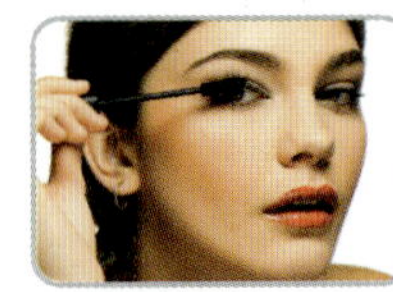
화장(을) 하다

[형용사]

아프다

바쁘다

기쁘다

슬프다

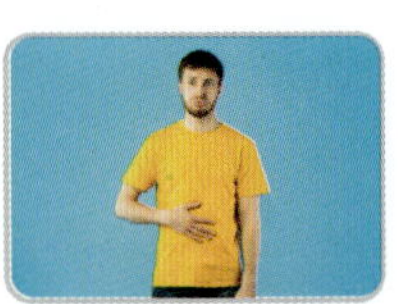
배(가) 고프다

[날짜 표현]

몇 년이에요?	1998년 천구백구십팔년		2001년 이천일년		2008년 이천팔년		2012년 이천십이년		2020년 이천이십년		2024년 이천이십사년	

몇 월이에요?	1월 일월	2월 이월	3월 삼월	4월 사월	5월 오월	6월 유월	7월 칠월	8월 팔월	9월 구월	10월 시월	11월 십일월	12월 십이월
며칠이에요?	1일 일일	2일 이일	3일 삼일	4일 사일	5일 오일	6일 육일	7일 칠일	8일 팔일	9일 구일	10일 십일	20일 이십일	30일 삼십일

	평일					주말	
무슨 요일이에요?	월요일	화요일	수요일	목요일	금요일	토요일	일요일

지난달	이번 달	다음 달
작년	올해	내년

7월

월	화	수	목	금	토	일	
1	2	3	4	5	6	7	
8	9	10	11	12	13	14	
					지난 주말		지난주
15	16	17	18	19	20	21	
그제/그저께/엊그제	어제/어저께	오늘	내일	모레	이번 주말		이번 주
22	23	24	25	26	27	28	
					다음 주말		다음 주
29	30	31					

연습 **1** **날짜를 한글로 쓰세요.**

1 1991. 3. 12 ★
→ 천구백구십일년 삼월 십이일

2 2015. 9. 26
→

연습 **2** **질문에 답하세요.**

1 가: 준 씨는 몇 월 며칠에 여행을 가요?
나: 사월 이십팔일에 여행을 가요.

2 가: 완은 언제 등산을 해요?
나:

가다 ▶ 갔어요	먹다 ▶ 먹었어요	일하다 ▶ 일했어요
가: 어제 뭐 했어요? 나: 영화를 봤어요.	가: 언제 한국에 왔어요? 나: 지난달에 한국에 왔어요.	가: 고향에서 직업이 뭐였어요? 나: 저는 회사원이었어요.

-았/었/했어요는 형용사나 동사 뒤에 결합하여 과거형을 만듭니다. 명사의 과거형은 **였/이었어요**를 사용합니다.
격식체에서는 **-았/었/했습니다**와 **였/이었습니다**를 씁니다.

연습 1 표를 완성하세요.

-았/었어요		-었/했어요		-았/었/했어요	
사다	샀어요	찍다		듣다	들었어요
닫다		배우다		걷다	
먹다		버리다	버렸어요	묻다	
좋다		만들다		**이었어요/였어요**	
읽다		식사하다		친구	
쉬다		운전하다		휴일	휴일이었어요

연습 2 그림을 보고 문장을 완성하세요.

1 

가: 어제 무엇을 했어요?
나: 백화점에서 옷을 샀어요.

2 

가: 방금 뭐 했어요?
나: 쓰레기를 _______________

3 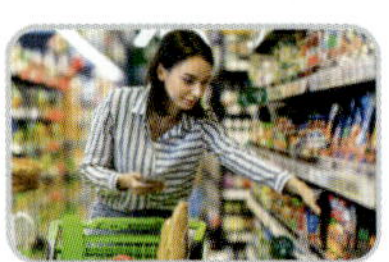

가: 그제 뭐 했어요?
나: 마트에서 _______________

4 

가: 오늘 아침에 뭐 했어요?
나: 부모님하고 _______________

연습 3 문장을 만드세요.

1 작년 / 민아 / 미국 / 살다 → 작년에 민아는 미국에서 살았어요.

2 어제 / 오후 / 완 / 책을 읽다 → _______________

3 지난 주말 / 사나 / 공원 / 그림 / 그리다 → _______________

4 작년 / 켈리 / 인턴 → _______________

주말에 빨래하고 설거지해요.	이것은 한국어 책이고 저것은 영어 책이에요.	수업이 끝나고 친구를 만났어요.
가: 그 식당은 어때요? 나: 깨끗하고 친절해요.	가: 친구를 만나서 뭐 했어요? 나: 밥을 먹고 커피를 마셨어요.	

-고, (이)고 는 두 가지 이상의 사실이나 내용을 나열할 때 사용합니다. 동사를 사용할 때는 행동의 선후 관계를 나타낼 수도 있습니다. 과거형은 형 동 -고 형 동 -았/었/했어요 형태를 사용합니다. 명사에는 받침이 있으면 **이고** 를 사용하고 모음으로 끝나면 **고** 를 사용합니다.

연습 1 문장을 만드세요.

1 가: 지난 주말에★ 노래방에 가서 뭐 했어요?

나: 노래하고 춤을 췄어요.
(노래하다 / 춤을 추다)

2 가: 떡볶이가 어때요?

나: ______________________
(싸다 / 맛있다)

3 가: 오전에 운동하고 뭐 했어요?

나: ______________________
(샤워하다 / 낮잠을 자다)

4 가: 어느 나라 사람이에요?

나: ______________________
(켈리, 미국인 / 지희, 한국인)

> ★ 도와줘요, 알렉스!
> 다음 날짜 표현의 띄어쓰기를 확인하세요.
>
> 이번 주/달/여름...
> 다음 주/달/여름...
>
> '지난'은 불규칙적이에요.
> 지난주, 지난달, 지난해
> ↕
> 지난 주말, 지난 월요일

연습 2 맞는 것에 ◯ 하세요.

1 화장을 (하고 / 해서) 머리를 해요.

2 친구를 (만나고 / 만나서) 같이 게임을 해요.

3 도서관에 (가고 / 가서) 친구와 같이 공부했어요.

4 부산에서 수영도 (하고 / 해서) 시장 구경도 했어요.

문법 ③ — 탈락

SCAN FOR VIDEO

크다 ▶ 커요	크다 ▶ 컸어요	아프다 ▶ 아파요	아프다 ▶ 아팠어요
가: 이 가방이 커요? 나: 네, 정말 커요.		가: 크리스 씨, 지금 아파요? 나: 아니요, 아프지 않아요.	

'크다, 쓰다, 끄다, 나쁘다, 바쁘다, 아프다, 고프다, 슬프다, 기쁘다, 예쁘다' 같이 '一'로 끝나는 형용사나 동사와 '-아/어'가 결합하면 '一'가 탈락합니다.

연습 **1** 표를 완성하세요.

	-아/어/해요	-았/었/했어요	-ㅂ/습니다	-고
크다	커요			
끄다			끕니다	
쓰다				
고프다				
아프다				아프고
슬프다				
기쁘다		기뻤어요		

연습 **2** 문장을 완성하세요.

1 어제 머리가 <u>아파서</u> 회사에 안 갔어요. (아프다 + -아/어/해서)

2 그 영화가 아주 ＿＿＿＿＿＿＿＿ (슬프다 + -았/었/했어요)

3 제 방은 ＿＿＿＿＿＿＿＿ (크다 + -ㅂ/습니다)

4 저는 매일 일기를 ＿＿＿＿＿＿＿＿ (쓰다 + -아/어/해요)

연습 **3** 문장을 완성하세요.

바쁘다	나쁘다	~~고프다~~

1 밥을 안 먹었어요. 그래서 배가 많이 <u>고파요.</u>

2 오늘 아침에 시험이 있었어요. 그래서 지난 주말에 ＿＿＿＿＿＿＿＿

3 어제 친구하고 싸웠어요. 그래서 지금 기분이 ＿＿＿＿＿＿＿＿

대화문 

켈리: 신이 씨, 지난 주말 잘 보냈어요? 주말에 뭐 **했어요**?

신이: 민아 씨하고 홍대에 **갔어요**.

켈리: 홍대에 **갔어요**? 거기에서 뭐 **했어요**?

신이: 길거리 공연도 구경하고 옷도 **샀어요**.

켈리: 그래요? **어땠어요**?

신이: 공연이 멋있고 재미있**었어요**. 옷도 다양하고 예뻤**어요**. 켈리 씨는 뭐 **했어요**?

켈리: 저는 그냥 집에 있**었어요**. 집에서 집안일을 하고 드라마를 **봤어요**.

신이: 그럼 켈리 씨, 저하고 같이 홍대에 가요. 길거리 공연도 보**고** 밥도 먹어요. 이번 주말에 시간이 있어요?

켈리: 네, 좋아요. 28일 토요일에 어때요?

신이: 좋아요. 몇 시에 만나요?

켈리: 다섯 시 괜찮아요?

신이: 네, 그럼 우리 토요일 다섯 시에 만나요.

연습 1 대화문에 대해 답하세요.

1 신이는 지난 주말에 뭐 했어요?

2 켈리는 지난 주말에 뭐 했어요?

3 신이와 켈리는 이번 주말에 언제 만나요?

4 신이와 켈리는 이번 주말에 만나서 뭘 해요?

연습 2 여러분에 대해 답하세요.

1 평일에 보통 뭐 해요?

2 주말에 보통 누구를 만나서 뭐 해요?

3 주말에 보통 집에서 뭐 해요?

말하기

연습 1 달력을 보고 친구와 묻고 답하세요.

10월

월	화	수	목	금	토	일
13	14	15 오늘	16	17 회의	18 공연	19 파티
20	21 크리스 생일	22	23	24	25 유진 결혼식	26

보기

가: 회의 이/가 언제예요?
나: 회의 은/는 시월 십칠일 이에요.
　　 이번 주 금요일 이에요.

1 공연　　　　　　**2** 파티

3 크리스 씨의 생일　　**4** 유진 씨의 결혼식

연습 2 한 것에 ○, 하지 않은 것에 ✕ 하세요. 그리고 답변을 사용하여 친구와 묻고 답하세요.

보기

가: 오늘 아침을 먹었어요?
나: 네, 아침을 먹었어요.
　　 아니요, 아침을 안 먹었어요/먹지 않았어요.

질문	O, X	네	아니요
1 아침을 먹다			
2 커피를 마시다			
3 운동을 하다			
4 노래를 듣다			
5 집안일을 하다			
6 ________			

연습 3 친구와 묻고 답하세요.

1 생일이 언제예요?

2 최근에 언제 영화를 봤어요?

3 최근에 언제 장을 봤어요?

4 마지막 여행은 언제였어요?

발음

연습 1 달 이름을 듣고 따라 하세요.

달 이름

몇 월이에요? [며 둬리에요]	1월 [이뤌]	2월 [이월]	3월 [사뭘]	4월 [사월]	5월 [오월]
6월 [유월]	7월 [치뭘]	8월 [파뤌]	9월 [구월]	10월 [시월]	11월 [시비뤌]	12월 [시비월]

연습 2 문장을 듣고 따라 하세요.

1 일월 십일일에 일이 끝나요.
[이뤌] [시비리레] [이리]

2 삼월 이십일일 일요일에 만나요.
[사뭘] [이시비릴] [이료이레]

3 팔월 삼십일일 금요일에 여행을 해요.
[파뤌] [삼시비릴] [그묘이레]

4 십이월 이십오일은 크리스마스예요.
[시비월] [이시보이른]

연습 3 듣고 따라 하세요.

칠월 칠일은 제 친구의 서른두 번째 생일입니다.

일월 십일은 새해의 열 번째 날입니다.

유월 육일은 현충일입니다.

번째　생일　새해　현충일

연습 1 대화를 듣고 답하세요.

1 생일이 언제입니까?

① 1월 1일　　② 1월 12일　　③ 2월 11일　　④ 2월 12일

2 어제는 무슨 요일이었습니까?

① 월요일　　② 화요일　　③ 수요일　　④ 목요일

3 언제 만납니까?

① 수요일　　② 목요일　　③ 금요일　　④ 토요일

4 언제 장을 봤습니까?

① 지난주 토요일　　② 지난주 일요일　　③ 이번 주 토요일　　④ 이번 주 일요일

연습 2 대화를 듣고 답하세요.

1 맞는 것에 ◯, 틀린 것에 ✕ 하세요.

① 신이는 주말에 영화관에 갔어요.　　(　　)

② 신이는 한국 노래를 알아요.　　(　　)

③ 지훈은 토요일에 외식했어요.　　(　　)

④ 지훈은 운동을 좋아하지 않아요.　　(　　)

2 신이와 지훈의 주말에 무엇을 했는지 쓰세요.

신이 토요일	일요일	지훈 토요일	일요일

연습 1 글을 읽고 질문에 답하세요.

> 안녕하세요. 저는 사나예요. 저는 지난주에 아주 바빴어요. 화요일에 시험이 있었어요.
> 그래서 월요일에 도서관에서 공부했어요. 수요일에는 머리가 아팠어요. 그래서 병원에 갔어요.
> 약국에서 약도 받았어요. 그래서 밥을 먹고 약을 먹었어요. 그리고 쉬었어요. 목요일에는
> 친구를 만나서 놀았어요. 우리는 식당에 가서 불고기를 먹었어요. 불고기가 정말 맛있었어요.
> 금요일에는 미용실에 가서 머리를 했어요. 저는 한국 미용실에 처음 갔어요. 한국 미용실은 아주
> 좋았어요. 미용실이 아주 크고 직원이 친절했어요. 가격도 쌌어요.
>
> 주말에도 바빴어요. 토요일에 고향 친구가 한국에 왔어요. 그래서 함께 서울 여기저기를
> 구경하고 쇼핑을 했어요. 일요일에는 집안일을 했어요. 청소도 하고 빨래도 했어요. 쓰레기도
> 버렸어요. 그리고 부모님과 통화를 하고 일기를 썼어요. 아홉 시에 샤워하고 밤 열 시에 잤어요.

1 맞는 것에 ◯, 틀린 것에 ✕ 하세요.

① 사나는 지난주 월요일에 시험을 봤어요.　　　(　　　)

② 사나는 지난주 수요일에 병원에 갔어요.　　　(　　　)

③ 사나는 평일에 미용실에 갔어요.　　　(　　　)

④ 사나는 주말에 집에 있었어요.　　　(　　　)

2 질문에 답하세요.

① 사나는 지난주 목요일에 어디에 갔어요?

② 식당에서 무엇을 먹었어요?

③ 한국 미용실이 어땠어요?

④ 사나는 지난주 토요일에 뭐 했어요?

연습 2 여러분에 대해 쓰세요.

- 여러분은 지난 주말에 어디에 갔어요?
- 누구를 만났어요? 그 사람과 같이 무엇을 했어요?
- 어땠어요?

한국 이야기

영상을 보고 주말 활동에 대해 더 알아보세요!

주말 활동

한국인은 주말에 뭘 할까요? 여행을 가거나 식당에서 음식을 먹지 않는다면 아마 한국의 거대한 예술, 연예 산업을 즐기고 있을 거예요. 한국인은 고등학생 때부터 박물관과 전시회에 가고, 연극과 뮤지컬을 관람하고, 콘서트를 보러 가고, 영화를 봐요. 원래 영화는 한국인의 가장 큰 취미였지만, 팬데믹을 거치고 OTT 시장이 커지며 인기가 떨어졌어요. 하지만 극장의 인기는 여전한데, 유명한 가수가 콘서트 무대에서 뮤지컬 무대로 옮겨 갔기 때문이에요.

보통 대학로 주변에서 연극 공연을, 서울이나 큰 도시의 주요 예술 센터에서 뮤지컬 공연을 해요. 전시회는 어디서나 찾을 수 있어요. 대형 전시는 서울이나 부산의 큰 국립 박물관에서 열리고, 종로와 강남에서는 작은 전시를 찾을 수 있어요. 대형 화면을 좋아한다면, 여러분이 사는 지역의 CGV, 롯데시네마, 혹은 메가박스로 가면 돼요. 서울에만 거의 100개의 영화관이 있고 전국엔 더 많은 영화관이 있어서, 지하철 한두 정거장이면 영화관에 갈 수 있어요. 독립 영화는 서울 신촌이나 1년에 한 번 열리는 부산 국제 영화제(BIFF)에서 만날 수 있어요.

08

SCAN FOR AUDIO

신이 씨는 떡볶이를 좋아하지요?

ㅂ 불규칙

동 -고 싶다, 동 -고 싶어 하다

형 동 -지요?, 명 (이)지요?

식당 문화

〔음식〕

비빔밥

불고기

떡볶이

김치찌개

된장찌개

삼겹살

냉면 (물냉면/비빔냉면)

삼계탕

갈비탕

김밥

〔맛〕

맵다

짜다

싱겁다

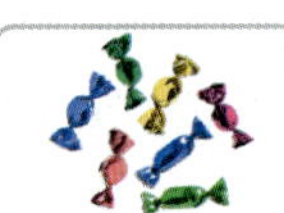
달다

시다

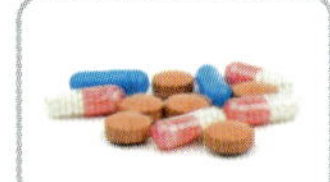
쓰다

〔한국 화폐〕

십 원

오십 원

백 원

오백 원

천 원

오천 원

만 원

오만 원

〔가격〕

휴대폰
1,760,000원
[백칠십육만원]

자동차
54,920,000원
[오천사백구십이만원]

노트북
2,765,520원
[이백칠십육만오천오백이십원]

아파트
1,200,000,000원
[십이억원]

[단위 명사] 

개

명

마리

권

살

그릇

병

잔

캔

인분

가: 무엇을 샀습니까?	가: 강아지가 몇 마리 있어요?	가: 어제 배가 고팠어요?
나: 사과 한 개를 샀습니다.	나: 두 마리 있어요.	나: 네, 냉면을 두 그릇 먹었어요.

한국어로 어떤 것의 양이나 수를 말할 땐 먼저 명사를 말하고, 수를 말한 뒤, 단위 명사를 씁니다. 예를 들어 '강아지 네 마리'라고 합니다.

대부분의 물건을 셀 땐 고유어 숫자 '하나, 둘, 셋, 넷... (한, 두, 세, 네)'을 사용합니다. 하지만 음식의 양을 재는 단위인 **인분**에는 '일, 이, 삼, 사...'를 사용합니다. (삼겹살 사 **인분**)

연습 1 **그림을 보고 쓰세요.**

1 

→ 학생 세 명

2 

→

3 

→

4 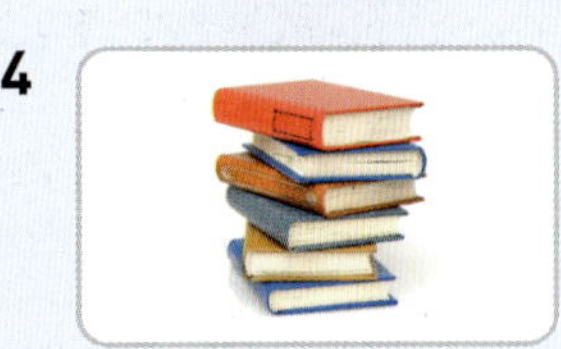

→

연습 2 **문장을 쓰세요.**

1 아침에 무엇을 먹었어요?

→ 바나나 세 개를 먹었어요.

(바나나 3)

2 주말에 친구 몇 명을 만나요?

→

(친구 1)

3 공책을 다섯 권 샀어요?

→ 아니요,

(공책 3)

4 커피숍에서 무엇을 샀어요?

→

(아메리카노 2, 주스 4)

SCAN FOR VIDEO

어렵다 ▶ 어려워요	어렵다 ▶ 어려웠어요	맵다 ▶ 매워요	맵다 ▶ 매웠어요
가: 완 씨, 물냉면이 싱거워요? 나: 아니요, 안 싱거워요. 맛있어요.		가: 한국어가 어려워요? 나: 아니요, 어렵지 않아요. 쉬워요.	

> **ㅂ 불규칙**은 어간이 'ㅂ'으로 끝나는 단어들이 모음으로 시작하는 어미를 만나서 받침 'ㅂ'가 '우'로 변화합니다. '입다, 잡다, 좁다' 등은 불규칙형이 아닙니다.

연습 1 표를 완성하세요.

	-아/어/해요	-아/어/해서	-ㅂ/습니다	-지 않다
쉽다	쉬워요			
어렵다				
맵다			맵습니다	
싱겁다				
덥다				
춥다				춥지 않다
더럽다				
귀엽다				
입다		입어서		
잡다				
좁다				

연습 2 질문에 답하세요.

1 가: 처음 뵙겠습니다.
　나: 네, 만나서 <u>반가워요.</u>　　　　　(반갑다 + -아/어/해요)

2 가: 아까 갈비탕이 짰어요?
　나: 아니요, ＿＿＿＿＿＿＿＿＿＿　(싱겁다 + -았/었/했어요)

3 가: 사나 씨의 동생은 키가 작아요?
　나: 네, 키가 작고 ＿＿＿＿＿＿＿＿　(귀엽다 + -아/어/해요)

4 가: 크리스 씨, 지난주에 김치를 먹었지요? 어땠어요?
　나: 조금 ＿＿＿＿＿＿＿＿＿＿　(맵다 + -았/었/했어요)

5 가: 한국어가 어려워요?
　나: 아니요, ＿＿＿＿＿＿＿＿＿＿　(쉽다 + -아/어/해요)

저는 백화점에 가고 싶었어요.

저는 삼겹살을 먹고 싶었어요. 그렇지만 친구는 갈비탕을 먹고 싶어 했어요.

켈리: 완 씨, 뭐 마시고 싶어요?

완: 저는 카페에 가서 아메리카노를 마시고 싶어요.

-고 싶다는 동사에 붙어 어떤 동작을 하기를 희망하거나 무언가에 대한 바람을 나타낼 때 사용합니다. 3인칭의 경우 **-고 싶어 하다**를 사용하여 3인칭 주어의 희망을 묻고 답할 수 있습니다.

연습 1 문장을 완성하세요.

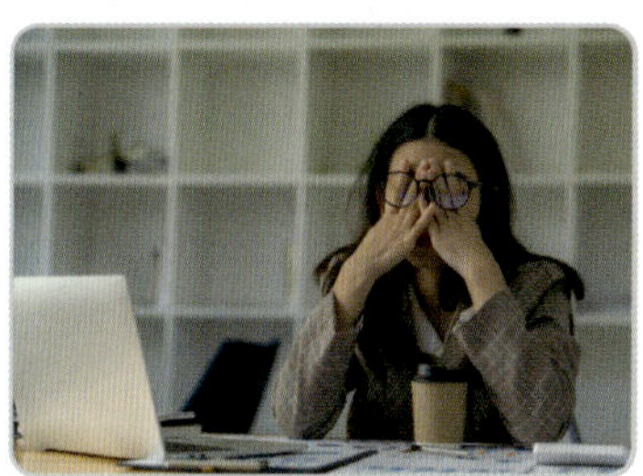

저는 지금 너무 피곤해요. 그래서 빨리

1 집에서 쉬고 싶어요.   (집 / 쉬다)

2 _______________________ (잠 / 자다)

3 _______________________ (소파 / 앉다)

4 _______________________ (침대 / 눕다)

연습 2 문장을 완성하세요.

1 저는 주말에 영화관에 가고 싶어요.
그리고 제 친구도 영화관에 가고 싶어 해요.

2 저는 생일에 지갑을 받고 싶어요.
그렇지만 제 친구는 가방을 _______________

3 저는 지금 창문을 닫고 싶어요.
그리고 제 친구도 창문을 _______________

4 저는 한국 요리를 배우고 싶어요.
그렇지만 제 친구는 프랑스 요리를 _______________

연습 3 질문에 답하세요.

1 한국에서 무슨 음식을 먹고 싶어요? _______________

2 한국에서 누구를 만나고 싶어요? _______________

3 한국에서 무엇을 사고 싶어요? _______________

4 한국에서 어디에 가고 싶어요? _______________

SCAN FOR VIDEO

매일 회사에 가지요?	옷이 좀 작지요?	지훈 씨는 한국 사람이지요?
가: 켈리 씨는 어제도 회사에 갔지요? 나: 아니요, 어제 쉬었어요.	가: 오늘 사람이 많지요? 나: 네, 정말 많아요.	가: 지금은 여섯 시지요? 나: 네, 6시예요.

-지요?, (이)지요?는 형용사, 동사, 명사 뒤에 붙어 청자가 이미 알고 있거나 말하는 사람 생각에 듣는 사람이 알고 있을 거라고 예상되는 것을 확인할 때 쓰입니다. 과거형으로 사용할 땐 '-았/었/했지요?'로 씁니다. 일반적인 대화에서는 '죠?'로 줄여서 발음합니다.

연습 1 문장을 만드세요.

1 도서관 / 자주 가다

가: 도서관에 자주 가지요?
나: 네, 자주 가요.

2 김치 / 맵다

가: __________________________
나: 네, 많이 매워요.

3 지금 / 선생님 / 계시다

가: __________________________
나: 네, 교실 안에 계세요.

4 여행 / 좋아하다

가: __________________________
나: 네, 좋아해요.

연습 2 그림을 보고 문장을 완성하세요.

1 

가: 사나 씨, 어제 명동에 갔지요?
나: 네, 어제 명동에 갔어요. 저를 봤어요?

2 

가: 불고기가 __________________________
나: 네, 짜지 않고 맛있어요.

3 

가: 이 사람이 켈리 씨의 __________________________
나: 아니요, 동생이 아니에요. 언니예요.

대화문

사나: 신이 씨는 떡볶이를 좋아하지요?

신이: 네, 아주 좋아해요. 그래서 자주 먹어요. 어제 혼자 삼 인분을 먹었어요. 사나 씨는 무슨 음식을 좋아해요?

사나: 저는 삼계탕을 좋아해요. 지난 주말에도 삼계탕을 한 그릇 먹었어요.

신이: 삼계탕이 맛있어요?

사나: 네, 아주 맛있고 안 매워요. 그래서 좋아요.

신이: 사나 씨, 오늘 점심에는 뭐 먹고 싶어요?

사나: 오늘은 다시 삼계탕을 먹고 싶어요. 신이 씨 점심을 먹었어요?

신이: 아니요, 아직 안 먹었어요. 우리 같이 먹어요.

사나: 네, 좋아요.

연습 1 대화문에 대해 답하세요.

1 신이는 떡볶이를 몇 인분 먹었어요?

2 사나는 삼계탕을 몇 그릇 먹었어요?

3 삼계탕 맛이 어때요?

4 사나와 신이는 오늘 뭘 먹어요?

연습 2 여러분에 대해 답하세요.

1 여러분은 무슨 고향 음식을 먹고 싶어요?

2 여러분은 지금 무슨 음식을 먹고 싶어요?

3 여러분은 무슨 고향 음식을 자주 먹어요? 그 음식은 어때요?

연습 1 **친구와 묻고 답하세요.**

1 
> 가: 이거 얼마예요?
> 나: 삼천 원이에요.

① 700원　　② 5,050원　　③ 48,000원　　④ 97,250원

2 
> 가: 사과 한 개 에 얼마예요?
> 나: 사과 한 개 에 오천 원이에요.

명 에 얼마예요?
어떤 것의 특정한 양의 가격을 묻는 표현

① 냉면 1그릇
　8,000원
② 맥주 2병
　8,400원
③ 김밥 3줄
　14,700원
④ 떡볶이 4인분
　20,000원

연습 2 **그림을 보고 친구와 묻고 답하세요.**

> 가: ______ 씨는 무슨 음료수를 마시고 싶어요?
> 나: 저는 커피 를 마시고 싶어요. ______ 씨는 뭐 마시고 싶어요?
> 가: 저는/저도 사과 주스 를 마시고 싶어요.
> 나: 여기요. 커피 한 잔하고 사과 주스 한 잔 좀 주세요.

명 (좀) 주세요.
무언가를 요청하기 위해 쓰는 표현
'좀'을 추가하여 공손함을 더할 수 있어요.

1 　　**2** 　　**3** 

연습 3 **친구와 묻고 답하세요.**

식당 표현
어서 오세요. 뭘 드릴까요?

> 가: 어서 오세요. 뭘 드릴까요?
> 나: 여기는 뭐가 맛있어요?
> 가: 갈비탕 이/가 제일 맛있어요.
> 나: 그럼, 갈비탕 한 그릇 주세요.
> 가: 네, 잠깐만 기다리세요.

1 삼계탕 1　　**2** 불고기 5　　**3** 김밥 2 , 사이다 2　　**4** 삼겹살 4, 소주 3

발음 

'몇'의 다양한 발음

1	받침 ㅊ의 발음 → [ㄷ]	몇 층 [멷층]
2	받침 발음 [ㄷ] + 모음 → 연음	몇 인분 → 멷 인분 [며딘분]
3	받침 발음 [ㄷ] + 뒤에 오는 자음 'ㄱ, ㄷ, ㅂ, ㅅ, ㅈ' → [ㄲ, ㄸ, ㅃ, ㅆ, ㅉ]	몇 개 → 멷 개 [멷깨] 몇 살 → 멷 살 [멷쌀] 몇 잔 → 멷 잔 [멷짠]
4	받침 발음 [ㄷ] + 뒤에 오는 자음 'ㄴ, ㅁ' → 발음 [ㄷ]이 [ㄴ]로 발음	몇 년 → 멷 년 [면년] 몇 마리 → 멷 마리 [면마리]

연습 1 듣고 따라 하세요.

1	몇 층 [멷층]	**2**	몇 월 [며둴]
3	몇 인분 [며딘분]	**4**	몇 분 [멷뿐]
5	몇 시 [멷씨]	**6**	몇 잔 [멷짠]
7	몇 개 [멷깨]	**8**	몇 살 [멷쌀]
9	몇 권 [멷꿘]	**10**	몇 년 [면년]
11	몇 명 [면명]	**12**	몇 마리 [면마리]

연습 2 문장을 듣고 따라 하세요.

1 교실이 몇 층에 있어요?

2 지금이 몇 년입니까?

3 오늘이 몇 월 며칠이에요?

4 지금 몇 시 몇 분이에요?

5 바나나를 몇 개 사고 싶습니까?

6 학생이 몇 명 있습니까?

연습 3 듣고 따라 하세요.

저는 몇 가지 생각을 몇 번이나 몇 시간 동안 해봤지만 아직도 답을 찾지 못했습니다.

가지   생각한   몇 번   동안   해보다   아직(도)   답   찾다

연습 1 대화를 듣고 답하세요.

1 물건은 얼마입니까?

① 800원　　② 1,800원　　③ 2,800원　　④ 8,000원

2 모두 얼마입니까?

① 9,000원　　② 18,000원　　③ 19,000원　　④ 90,000원

3 무엇을 샀습니까? 모두 얼마입니까?

① 책 1, 공책 1　　② 책 1, 공책 2　　③ 책 1, 공책 1　　④ 책 1, 공책 2
　 13,000원　　　　 13,000원　　　　 16,000원　　　　 16,000원

4 아메리카노를 몇 잔 샀습니까? 얼마입니까?

① 두 잔　　② 두 잔　　③ 세 잔　　④ 세 잔
　 2,000원　　 4,000원　　 6,000원　　 8,000원

연습 2 대화를 듣고 답하세요.

1 맞는 것에 ◯, 틀린 것에 ✕ 하세요.

① 켈리와 지훈은 지금 식당에 있습니다.　　（　　）

② 두 사람 모두 물냉면을 먹고 싶어 합니다.　　（　　）

③ 지훈은 콜라를 마시고 싶어 합니다.　　（　　）

④ 켈리는 음료수를 마시고 싶어 합니다.　　（　　）

2 질문에 답하세요.

① 지훈과 켈리 모두 무슨 음식을 좋아합니까? ______________________

② 비빔냉면은 어떻습니까? ______________________

③ 무엇을 주문했습니까? ______________________

읽기와 쓰기

 글을 읽고 질문에 답하세요.

> 저는 사나예요. 저는 쇼핑을 아주 좋아해요. 어제도 쇼핑을 많이 했어요. 오전에 백화점에 가서 모자를 한 개 샀어요. 모자가 비쌌어요. 그렇지만 예뻤어요. 그리고 화장품도 샀어요. 백화점 근처 식당에서 비빔밥 한 그릇을 먹고 식당 옆 커피숍에서 주스를 한 잔 마셨어요. 집에 과일이 없어요. 그래서 슈퍼마켓에서 사과와 바나나도 샀어요. 사과는 한 개에 천 원, 바나나는 다섯 개에 삼천 원이었어요. 사과를 세 개, 바나나를 다섯 개 샀어요. 한국의 과일이 싸고 맛있어요. 저녁에는 켈리 씨를 만나서 집 근처 식당에 갔어요. 우리는 식당에서 불고기 2인분과 된장찌개를 먹었어요. 모두 맛있었어요.
>
> 내일은 문구점과 서점에 가고 싶어요. 저는 펜이 필요해요. 민아 씨는 서점에서 책을 사고 싶어해요. 그래서 민아 씨와 같이 가고 싶어요.

1 맞는 것에 ◯, 틀린 것에 ✕ 하세요.

① 사나는 백화점에서 모자를 샀습니다. (　　)

② 비빔밥 식당 근처에 커피숍이 있습니다. (　　)

③ 사나는 마트에서 6,000원을 계산했습니다. (　　)

④ 켈리는 서점에서 책을 사고 싶어 합니다. (　　)

2 질문에 답하세요.

① 사나는 슈퍼마켓에서 뭘 샀어요?

② 사나는 집 근처 식당에 누구와 함께 갔어요?

③ 사나와 켈리는 식당에서 무엇을 먹었어요?

④ 사나는 민아와 무엇을 하고 싶어 해요?

 여러분에 대해 쓰세요.

- 보통 어디에 가서 물건을 사요?
- 무엇을 사요? 그것이 어때요?
- 오늘은 어디에 가서 물건을 샀어요? 얼마나 샀어요?

영상을 보고 한국 식당 문화에 대해 더 알아보세요!

식당 문화

일반적인 한국 식당은 서양의 식당과 꽤 차이가 있어요. 식당에 들어가자마자 일행이 몇 명인지 말하고 원하는 자리에 앉으면 돼요. 대부분의 식당은 벽에 메뉴가 붙어 있기 때문에, 테이블에 메뉴가 없다고 놀라지 마세요. 여러분은 앉자마자 물과 접시를 받을 거예요. 보통 메뉴가 몇 개 없고 유명한 메뉴가 있기 때문에, 식당에 들어가기 전부터 뭘 먹을지 정했을 거예요. 그렇지 않으면 결정할 시간을 달라고 할 수도 있어요. 주문할 준비가 됐다면, 테이블 위 버튼을 누르거나 '여기요, 저기요, 사장님, 이모님'하고 점원을 부르면 돼요. 주문은 "사장님! 반반치킨 하나랑 맥주 두 잔 주세요!" 같이 하면 돼요. 대부분의 음식은 함께 먹도록 나오기 때문에, 제육볶음 3인분을 시켜도 한 접시에 한 번에 나올 거예요. 음식을 기다리는 동안, 테이블 서랍에 있는 식기류를 나눠 주고 반찬 구역에서 반찬을 가져오세요. 주방 근처에 셀프바가 있을 거예요. 엄청나게 뜨거운 음식이 나오면, 맛있게 드세요! 계산은 테이블이 아닌 문 옆 계산대에서 하면 돼요. 한국엔 팁 문화가 없기 때문에 팁을 남길 필요가 없어요.

09

주요 표현

길이 너무 막혀서 늦었어요. 미안해요.

문법

형 동 -아/어/해서 ②, 명 (이)라서
명 에서 명 까지, 명 부터 명 까지
르 불규칙
명 보다

한국 이야기

한국 대중교통

[교통]

요금

교통카드

잔액

단말기

(하차) 벨

손잡이

좌석

교통약자 배려석

안전띠/안전벨트

승차권 발매기

승강장

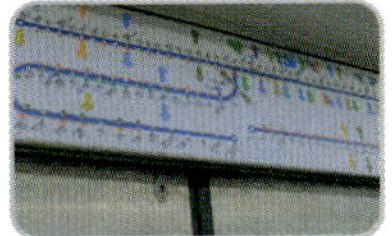

노선도

안내 방송

마을버스

(2호)선

(교통카드를) 대다/찍다

(잔액이) 부족하다

(잔액을) 충전하다

길이 막히다

(버스를) 놓치다

(하차 벨을) 누르다

(택시를) 부르다/잡다

(안전띠/안전벨트를) 매다

출발(을) 하다

도착(을) 하다

[기타]

고르다

모르다

다르다

자르다

좋다 ▶ 좋아서	없다 ▶ 없어서	운동하다 ▶ 운동해서
가: 왜 택시를 탔어요?	가: 오늘 회사에 안 갔어요?	
나: 버스가 안 와서 택시를 탔어요.	나: 오늘 제 생일이라서 휴가를 냈어요.	

SCAN FOR VIDEO

> **-아/어/해서**는 형용사나 동사와 결합하여 일반적인 이유나 근거를 나타냅니다. 명사에는 **(이)라서**를 사용합니다.
> **-아/어/해서**는 과거 시제와 함께 사용되지 않습니다.

연습 1 표를 완성하세요.

-아/어/해서		-아/어/해서	
오다	와서	듣다	
싸다		바쁘다	바빠서
작다		춥다	
먹다		**(이)라서**	
마시다		학생	학생이라서
준비하다		친구	

연습 2 그림을 보고 문장을 완성하세요.

1

가: 왜 한국어를 공부해요?
나: 저는 케이팝을 좋아해서 한국어를 공부해요.
　　　　　　　　　　　(좋아하다)

2

가: 왜 늦었어요?
나: 버스 정류장을 ＿＿＿＿＿＿ 다시 돌아갔어요.
　　　　　　　(지나치다)

3

가: 왜 수업 시간에 늦었어요?
나: 늦게 ＿＿＿＿＿＿ 수업 시간에 지각했어요.
　　　　(일어나다)

SCAN FOR VIDEO

가: 학교에서 집까지 어떻게 가요?
나: 저는 버스로 가요.

가: 보통 언제 일해요?
나: 저는 월요일부터 금요일까지 일해요.

에서와 **까지**는 장소 명사와 사용하여 출발과 도착 장소를 나타냅니다. **부터**와 **까지**는 시간을 나타내는 명사와 사용하여 시작과 끝을 나타냅니다. 이 표현은 흔히 동사 '걸리다'와 '한 시간, 두 시간, 세 시간', '하루, 이틀, 한 달' 등 같은 시간 표현과 함께 사용됩니다.

연습 1 문장을 완성하세요.

1

서울(에서) 부산(까지) 3시간 걸려요★.

2

고향(   ) 한국(   ) 비행기로 왔어요.

3

오전 9시(   ) 오후 6시(   )
회사에 있어요.

4

학교 축제는 다음 주
월요일(   ) 목요일(   )예요.

연습 2 질문에 답하세요.

1 아침부터 지금까지 뭐 했어요?

____

2 언제까지 한국에서 살고 싶어요?

____

3 집에서 회사까지 뭘 타고 가요?

____

4 한국에서 고향까지 얼마나 걸려요?

____

5 집에서 마트까지 얼마나 걸려요?

____

> **★ 도와줘요, 하오!**
>
> **시간, 분 표현:**
> 한 **시간**, 두 **시간**이 걸려요/걸렸어요.
> 십오 **분**, 삼십 **분**이 걸려요/걸렸어요.
>
> **해(년) 표현:**
> 삼 **년**, 오십 **년**, 백 **년**이 걸려요/걸렸어요.
>
> **날짜(일) 표현:**
> **하루** = 1(일)일*   **이틀** = 2(이)일
> **사흘** = 3(삼)일   **나흘** = 4(사)일
>
> * 날짜를 셀 때 이틀이나 2일, 사흘이나 3일,
>   나흘이나 4일이라고 쓸 수 있지만 '1일'
>   이라고 할 수는 없어요. '하루'만 쓰여요.
>
> **달(개월) 표현:**
> 한 **달** = 1(일)개월   두 **달** = 2(이)개월
> 세 **달** = 3(삼)개월   네 **달** = 4(사)개월
>
> **주 표현:**
> 일주일, 2(이)주, 3(삼)주

자르다▶잘라요	고르다▶골랐어요	누르다▶눌러서

가: 지금 택시를 불러요?
나: 네, 지금 택시를 불러요.

가: 버스가 빨라요?
나: 아니요, 버스가 빠르지 않아요. 지하철이 빨라요.

르 불규칙은 **르**로 끝나는 형용사나 동사에 '아/어'가 결합되면 '르'의 'ㅡ'가 탈락되고 받침 'ㄹ'이 추가됩니다. 그렇지만 자음 (-ㅂ/습니다, -지 않습니다)과의 결합에서는 해당되지 않습니다.

연습 1 표를 완성하세요.

	-ㅂ/습니다	-아/어요	-았/었어요	-지 않아요
자르다	자릅니다			
다르다		달라요		
빠르다			빨랐어요	
고르다				고르지 않아요
모르다				
누르다				
부르다				

연습 2 문장을 완성하세요.

1 가: 한국하고 고향 버스 요금이 똑같아요?
　　나: 아니요, 요금이 　달라요.　 (다르다)

2 가: 사나 씨 전화번호를 알아요?
　　나: 아니요, 저는 사나 씨 전화번호를 ＿＿＿＿＿＿ (모르다)

3 가: 어제 밤에 공연에서 무엇을 했어요?
　　나: 춤을 추고 노래를 ＿＿＿＿＿＿ (부르다)

4 가: 이번 주말에 뭐 해요?
　　나: 미용실에서 머리를 ＿＿＿＿＿＿ (자르다)

연습 3 문장을 완성하세요.

1 여자 친구의 선물을 　골랐지요?　 (고르다 + -았/었지요?)

2 밥을 많이 먹어서 배가 ＿＿＿＿＿＿ (부르다 + -아/어요)

3 영어하고 한국어는 많이 ＿＿＿＿＿＿ 어려워요. (다르다 + -아/어서)

4 기차는 ＿＿＿＿＿＿ 사람들이 많이 이용해요. (빠르다 + -아/어서)

SCAN FOR VIDEO

기차**보다** 비행기가 빨라요.

가: 지금 길이 안 막히지요?
나: 아니요, 퇴근 시간이라서 주말**보다** 더 막혀요.

저는 운동화가 구두**보다** 편해요.

가: 저는 비빔밥**보다** 불고기를 더 좋아해요.
나: 저는 된장찌개**보다** 김치찌개가 더 좋아요.

> **보다**는 두 개 이상의 것을 비교합니다. 비교의 대상이 되는 명사 뒤에 붙어 다른 대상과 비교가 됨을 나타냅니다. 부사 '더'를 사용해서 강조할 수 있습니다.

연습 1 문장을 완성하세요.

1 <u>버스보다 지하철이</u> 더 빨라요.
    (버스 < 지하철)

2 저는 ＿＿＿＿＿＿＿＿＿＿＿＿＿ 많이 마셔요.
    (커피 > 우유)

3 저는 ＿＿＿＿＿＿＿＿＿＿＿＿＿ 좋아해요.
    (영화 < 드라마)

연습 2 문장을 만드세요.

1 <u>버스보다 택시가 편해요.</u>   (버스, 택시, 편하다)

2 ＿＿＿＿＿＿＿＿＿＿＿＿＿＿＿ (백화점, 시장, 싸다)

3 ＿＿＿＿＿＿＿＿＿＿＿＿＿＿＿ (베트남, 한국, 춥다)

연습 3 질문에 답하세요.

1 과일이 달아요? 초콜릿이 달아요? ＿＿＿＿＿＿＿＿＿＿＿

2 한국이 커요? 여러분 나라가 커요? ＿＿＿＿＿＿＿＿＿＿＿

3 한국이 더워요? 여러분 나라가 더워요? ＿＿＿＿＿＿＿＿＿＿＿

켈리: 크리스 씨, 왜 늦었어요?

크리스: 길이 너무 막혀서 늦었어요. 미안해요.

켈리: 그래요? 사나 씨가 성수에서 기다려요. 빨리 출발해요.

크리스: 네, 여기에서 성수까지 어떻게 가요?

켈리: 지하철로 가요. 여섯 시부터 일곱 시까지 퇴근 시간이라서 길이 막혀요. 이 시간에는 버스보다 지하철이 더 빨라요.

크리스: 여기에서 성수까지 얼마나 걸려요?

켈리: 성수까지 지하철로 30분 걸려요. 한국 지하철은 빨라서 좋아요.

크리스: 켈리 씨, 저는 오늘 성수에 처음 가요.

켈리: 성수에는 차와 사람이 많아서 복잡해요. 그렇지만 성수에 맛집도 많고 옷 가게도 많이 있어서 재미있어요.

연습 1 대화문에 대해 답하세요.

1 크리스는 왜 늦었어요?

2 언제부터 언제까지 길이 막혀요?

3 여기에서 성수까지 얼마나 걸려요?

4 성수는 어때요?

연습 2 여러분에 대해 답하세요.

1 회사/학교에 어떻게 다녀요?

2 왜 그것을 타요?

3 고향에서 무엇을 많이 탔어요?

4 그것은 어때요?

말하기

연습 1 친구와 묻고 답하세요.

보기

가: <u>여기</u> 에서 <u>백화점</u> 까지 어떻게 가요?

나: <u>여기</u> 에서 <u>버스</u> 을/를 타고 가요.

1 집, 영화관 / 버스

2 회사, 집 / 택시

3 서울, 춘천 / 기차

4 학교, 백화점 / 지하철

5 부산, 제주도 / 비행기

연습 2 그림을 보고 친구와 묻고 답하세요.

보기

가: 무엇을 타고 싶어요?

나: <u>택시</u> 를 타고 싶어요. <u>택시</u> 가 <u>버스</u> 보다 <u>편해요.</u> 씨는요?

가: 저는 <u>버스</u> 을/를 타고 싶어요. <u>버스</u> 이/가 <u>택시</u> 보다 <u>싸요.</u>

1     **2**  

3     **4**  

연습 3 그림을 보고 친구와 묻고 답하세요.

보기

가: _______ 씨, 왜 늦었어요?

나: 미안해요. <u>잔액이 부족해서</u> 늦었어요.

1 
길이 막히다

2 
늦게 일어나다

3 
버스를 놓치다

4 
지하철을 잘못 타다

 발음  Track 80

1	ㅎ + ㄱ, ㄷ, ㅈ → 뒤에 오는 자음은 [ㅋ, ㅌ, ㅊ]	놓고 [노코], 좋다 [조타]
2	ㄱ, ㄷ, ㅂ, ㅈ + ㅎ → 다음 음절로 이동하고 [ㅋ, ㅌ, ㅍ, ㅊ]	축하 [추카], 입학 [이팍]
3	ㅅ + ㅎ → [ㅌ]	옷하고 [오타고]

연습 1 단어를 듣고 따라 하세요.

1 축하해요 [추카해요] 2 지각했어요 [지가캐써요]

3 부족해요 [부조캐요] 4 못해요 [모태요]

연습 2 문장을 듣고 따라 하세요.

1 몇 시에 <u>도착해요</u>?
[도차캐요]

2 앞으로 <u>지각하지</u> 마세요.
[지가카지]

3 잔액이 <u>부족해서</u> 버스에서 내렸어요.
[부조캐서]

4 사과가 <u>많고</u> 오렌지가 <u>좋고</u> 바나나가 달아요.
[만코]   [조코]

연습 3 다음을 듣고 따라 하세요.

안 촉촉한 초코칩이지만 촉촉한 초코칩이 되고 싶어!

저기 계신 저 분이 박 법학박사이시고, 여기 계신 이 분이 백 법학박사이시다.

촉촉한   초코칩   되고 싶다   계시다   분   법학박사

연습 1 **대화를 듣고 답하세요.**

1 내일 어디에 갑니까?

①    ②    ③    ④ 

2 그곳에 가기 위해 무엇을 탑니까?

①    ②    ③    ④ 

3 질문에 답하세요.

① 누가 한국 버스를 처음 타요?

② 버스에서 어떻게 내려요?

연습 2 **대화를 듣고 답하세요.**

1 맞는 것에 ◯ 하세요.

① 켈리는 택시 앱을 압니다.

② 유리는 오늘 택시를 타고 왔습니다.

③ 유리는 오늘 회사에 지각하지 않았습니다.

④ 켈리는 유리의 택시를 앱으로 불렀습니다.

2 맞는 것에 ◯, 틀린 것에 ✕ 하세요.

① 택시는 도착 장소에서 탑니다. (   )

② 택시 요금은 앱에서 카드로 계산합니다. (   )

읽기와 쓰기

 글을 읽고 질문에 답하세요.

> 한국에서는 출퇴근 시간에 대중교통을 타요. 사람들은 보통 버스와 지하철을 많이 타요. 시내버스는 도시 안을 다녀요. 지하철역보다 버스 정류장이 많아서 여러 장소에서 타고 내려요. 버스 정류장에는 버스 정보 안내기가 있어요. 안내기에서 버스 도착 시간을 봐요. 그래서 편리해요. 지하철은 도시에 있어요. 도시 지하로 다녀서 빨라요. 길이 막히지 않아서 도착 시간이 항상 같아요. 택시는 편하고 빨라요. 하지만 요금이 비싸요. 밤하고 새벽에 버스와 지하철이 다니지 않아서 사람들이 많이 타요.
>
> 저는 집에서 회사까지 버스로 가요. 처음에는 교통카드가 없어서 불편했어요. 지금은 교통카드도 있고 하차 벨도 잘 눌러요. 한국 버스하고 지하철은 고향과 조금 달라요. 하지만 어렵지 않아요.

1 맞는 것에 ◯ 하세요.

① 택시는 편하고 요금이 쌉니다.

② 지하철역이 버스 정류장보다 많습니다.

③ 버스 정보 안내기에서 버스 도착 시간을 봅니다.

④ 한국 사람들은 출퇴근 시간에 택시를 많이 탑니다.

2 질문에 답하세요.

① 사람들은 보통 출퇴근 시간에 무엇을 타요?

② 지하철은 왜 빨라요?

③ 사람들은 언제 택시를 많이 타요?

④ 이 사람은 집에서 회사까지 어떻게 가요?

 여러분에 대해 쓰세요.

- 고향에는 어떤 대중교통이 있어요?
- 그 대중교통은 무엇이 편리하거나 불편해요?
- 한국의 대중교통과 무엇이 달라요?

한국 대중교통

한국 사회에서 대중교통은 매우 중요한 부분이에요. 모두가 대중교통을 이용해요. 한국의 첫 대중교통은 기차였고, 이 기차는 1899년에 처음으로 제물포(인천의 옛 이름)부터 서울 영등포까지 운행됐어요. 이후 전차도 도입됐어요. 현대 버스 운행은 1928년 서울에서 시작되어 이후 먼 지방으로 확대됐고, 이전에 접근하기 어려웠던 작은 마을까지 운행하며 최고의 자리를 지켰어요. 그러나 1960년대 첫 지하철 시스템이 도입되고 개인이 자동차를 소유하기 시작하면서 버스의 인기는 떨어졌어요. 지하철과 급행열차 노선은 확대됐고, 현재 한국의 주요 교통수단이 되었어요. 새로운 노선이 계속해서 추가되고 있고, 대구, 광주, 대전, 부산 같이 큰 도시에는 각자 지하철 시스템이 있어요. 정부와 기업은 교통 시스템을 간소화하기 위해 노력하고 있어요. 티머니 교통카드는 모든 지하철과 버스에서 사용 가능하고, 환승할 때는 할인이 돼요. 티머니 앱으로 고속버스 표를 예매하고 자전거를 빌릴 수도 있어요. 기차표는 코레일 웹 사이트나 택시 부를 때 쓰는 카카오T 앱에서 예매할 수 있어요. 티머니 카드를 사고 싶으면 편의점에 가서 점원에게 카드를 달라고 요청하세요. 티머니는 편의점이나 지하철역에서 충전할 수 있어요.

10

주요 표현

사나 씨는 시간이 있으면 보통 뭐 해요?

문법

형 동 -(으)면

동 -ㄴ/은 후에(= 다음에), 명 후에

동 -ㄹ/을 거예요

ㄹ 탈락

한국 이야기

한국인의 취미

어휘 및 표현

[빈도 부사]

100%	항상		저는 **항상** 계단으로 다녀요.
	자주		지호는 **자주** 게임을 해요.
50%	가끔		민아는 언니와 **가끔** 통화를 해요.
	거의 안		데이비드는 외식을 **거의 안** 해요.
0%	전혀 안		저는 요리를 **전혀 안** 해요.

[동사와 형용사]

취직하다

끝내다

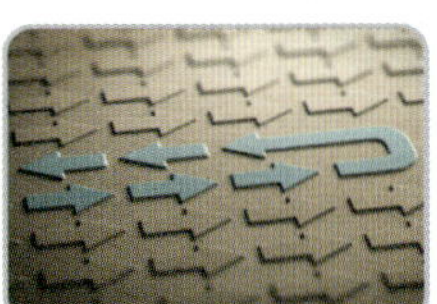

돌아가다

질문(을) 하다

시간이 있다

시간이 없다

한가하다

심심하다

[부사]

늦게   일찍   빨리   천천히   보통

보다▶보면	있다▶있으면	덥다▶더우면	살다▶살면

가: 길이 많이 막혀요.
나: 길이 막히면 지하철로 가요.

가: 시간이 있으면 보통 뭐 해요?
나: 자주 공원에 가요.

> -(으)면은 형용사나 동사 뒤에 결합하여 앞 내용이 뒷 내용에 대한 조건이나 가정이 됨을 나타낸다.

연습 1 표를 완성하세요.

-면		공부하다		-(으)면	
가다	가면	예쁘다		걷다	걸으면
일어나다		빌리다		듣다	
끝나다		-으면		쉽다	
쉬다		읽다	읽으면	맵다	매우면
배우다		좋다		가깝다	

연습 2 문장을 만드세요.

1 기분이 좋다, 춤을 추다
저는 기분이 좋으면 춤을 춰요.

2 심심하다★, 게임을 하다
____

3 길이 막히다, 지하철을 타다
____

4 가족이 보고 싶다, 영상통화를 하다
____

> ★ 도와줘요, 메리!
>
> '심심하다'는 할 일이 없고 지루하다는 뜻이에요. 따라서 회사, 학교와 함께 '심심해요'라는 표현을 사용하면 할 게 없어서 그저 책상에 앉아 있다는 것을 의미해요. '심심하다'는 싫증난다는 의미를 포함하지 않아요.

연습 3 질문에 답하세요.

1 시간이 있으면 뭐 해요?
____

2 머리가 아프면 어떻게 해요?
____

3 돈이 많으면 무엇을 사고 싶어요?
____

4 고향에 돌아가면 뭐 하고 싶어요?
____

5 복권에 당첨되면 무엇을 하고 싶어요?
____

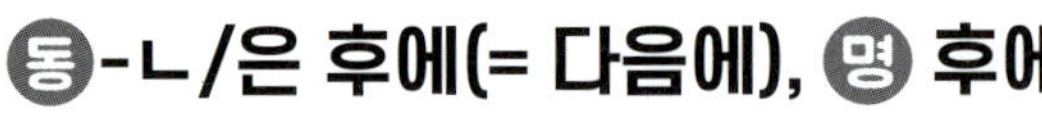

문법 ② 동 -ㄴ/은 후에(= 다음에), 명 후에 ·········· ▶ Track 84

SCAN FOR VIDEO

  ▶ 

가: 왜 한국어를 배워요?
나: 한국어를 배운 후에 한국 회사에 취직하고 싶어요.

-ㄴ/은 후에	
만나다	만난 후에
배우다	
먹다	
읽다	
듣다	
걷다	
놀다	

가: 언제 고향에 돌아가요?
나: 한 달 후에 돌아가요.

가: 신이 씨, 숙제를 언제 해요?
나: 밥을 다 먹은 다음에 숙제를 시작할 거예요.

-ㄴ/은 후에, 후에는 동사와 명사 뒤에 사용되어 무언가 이후 어떤 행동을 할지를 나타냅니다. 명사는 시간 표현을 쓴 다음 후에를 사용합니다. 동사와 사용될 때는, 한 행동이 끝난 후에 다른 행동이 일어날 것을 나타냅니다. 동사와는 후에 대신 다음에를 사용할 수 있습니다.

연습 1 그림을 보고 문장을 만드세요.

1  ▶

손을 씻은 후에 밥을 먹어요.

2  ▶ 

3  ▶ 

4  ▶ 

연습 2 질문에 답하세요.

1 언제 쉬어요? ______________________________

2 언제 산책을 해요? ______________________________

3 언제 커피를 마셔요? ______________________________

4 저녁을 먹은 후에 뭐 해요? ______________________________

5 한국어를 공부한 후에 뭐 해요? ______________________________

가: 주말에 뭐 할 거예요?
나: 날씨가 좋으면 한강 공원에서 놀 거예요.

10분 후에 수업을 시작할 거예요.
점심을 먹고 잠시 걸을 거예요.
이 일을 오늘까지 끝낼 겁니다.

SCAN FOR VIDEO

-ㄹ/을 거예요는 동사와 함께 사용되어 미래에 어떤 일을 하겠다는 앞으로의 일이나 계획을 나타냅니다. 격식있는 상황에서는 '-ㄹ/을 겁니다'를 사용합니다.

연습 1 표를 완성하세요.

-ㄹ 거예요		-을 거예요		-ㄹ/을 거예요	
가다	갈 거예요	먹다	먹을 거예요	걷다	걸을 거예요
타다		앉다		듣다	
빌리다		찍다		놀다	
일하다		읽다		만들다	

연습 2 문장을 완성하세요.

1 오늘 저녁에 책을 <u>읽을 거예요.</u> (읽다)

2 저는 이번 주말에 ＿＿＿＿＿＿＿＿＿＿＿＿ (이사하다)

3 오후 7시부터 공연이 ＿＿＿＿＿＿＿＿＿＿＿ (시작하다)

4 다음 달부터 수영을 ＿＿＿＿＿＿＿＿＿＿ (배우다)

5 내일 친구를 만나서 사진을 많이 ＿＿＿＿＿＿＿＿＿ (찍다)

연습 3 문장을 만드세요.

1 저 / 항상 / 아침 / 빵 / 먹다　　→　저는 항상 아침에 빵을 먹어요.

2 내일 저녁 / 친구 / 같이 / 영화 / 보다　→ ＿＿＿＿＿＿＿＿＿＿＿

3 민아 / 자주 / 커피숍 / 공부하다　→ ＿＿＿＿＿＿＿＿＿＿＿

4 크리스 / 다음 달 / 고향 / 돌아가다　→ ＿＿＿＿＿＿＿＿＿＿＿

| 달다▶달아요 | 알다▶알면 | 힘들다▶힘들 거예요 | 살다▶삽니다 | 만들다▶만든 후에 |

가: 이 식당은 몇 시에 문을 엽니까?　　　　나: 오늘은 11시에 열 겁니다.

ㄹ로 끝나는 어떤 형용사와 동사는 불규칙형으로, 이 단어 뒤에 'ㄴ, ㅂ, ㅅ'가 (-ㅂ니다 또는 -ㄴ 후에) 오면 'ㄹ'이 탈락하고 종결어미가 붙습니다. 모음 '-아/어'를 만나면 어떠한 변화도 없지만, 모음 '으'와 결합하는 문법에서는 받침이 없는 것처럼 취급하여, '살다 + (으)면 → 살으면(✗), 살면(○)' 같이 변화합니다. 또한 'ㄹ'이 연속으로 나올 수 없어, '-ㄹ/을 거예요'와의 결합에서는 '살 거예요'가 됩니다.

연습 1　표를 완성하세요.

	-ㅂ/습니다	-아/어요	-(으)면	-ㄹ/을 거예요	-ㄴ/은 후에
살다	삽니다		살면		산 후에
알다					
놀다					
달다				달 거예요	
팔다					
만들다					
울다		울어요			
멀다					
길다					
힘들다					

연습 2　문장을 완성하세요.

1 백화점에서 옷하고 가방을 <u>팝니다.</u> (팔다 + -ㅂ/습니다)

2 한국어가 어려워요. 그래서 한국 생활도 _________________ (힘들다 + -어/아/해요)

3 아이는 _________________ 사탕을 먹어요. (울다 + -ㄴ/은 후에)

4 다음 주에 친구하고 중국 음식을 _________________ (만들다 + -ㄹ/을 거예요)

연습 3　문장을 완성하세요.

1 우리 언니는 지금 중국에서 <u>살아요.</u>

2 너무 더워서 창문을 _________________

3 영화가 슬펐어요. 그래서 많이 _________________

4 내일 일이 끝난 후에 친구를 만나서 _________________

5 저는 한국 배우와 가수를 많이 _________________

~~살다~~	울다
놀다	열다
알다	

켈리: 사나 씨는 시간이 있으면 보통 뭐 해요?

사나: 전에는 시간이 있으면 주말마다 운동을 했어요. 요즘은 주말에 아르바이트를 해서 거의 안 해요.

켈리: 저도 지난달에 너무 바빠서 야근도 하고 주말에도 일했어요. 그런데 요즘은 일이 많지 않아서 한가해요. 그래서 다음 주부터 운동을 할 거예요.

사나: 그래요? 저도 운동을 하고 싶어요.

켈리: 사나 씨, 괜찮으면 헬스장에서 같이 운동해요. 어때요?

사나: 와, 좋아요. 그런데 저는 주말에는 아르바이트를 해서 평일에 갈 거예요. 괜찮아요?

켈리: 네, 저는 퇴근한 후에 갈 거예요. 조금 늦을 거예요.

사나: 그러면 켈리 씨 회사 근처의 헬스장에서 운동을 해요.

켈리: 좋아요. 그런데 사나 씨가 너무 멀지 않아요?

사나: 괜찮아요. 저는 켈리 씨하고 같이 운동해서 좋아요.

연습 1 대화문에 대해 답하세요.

1 사나는 요즘 왜 운동을 거의 안 해요?

2 켈리는 지난달에 한가했어요?

3 사나와 켈리는 언제 어디에서 무엇을 할 거예요?

연습 2 여러분에 대해 답하세요.

1 여러분은 시간이 있으면 보통 뭐 해요?

2 한가하면 뭐 하고 싶어요?

3 무엇을 자주 해요? (운동, 요리, 쇼핑, etc.)

말하기

연습 1 친구와 묻고 답하세요.

> **보기**
>
> 가: 얼마나 자주 커피를 마셔요?
>
> 나: 저는 가끔 커피를 마셔요.

질문	항상	자주	가끔	거의 안	전혀 안
1 얼마나 자주 커피를 마셔요?					
2 얼마나 자주 식당에 가요?					
3 아침밥을 항상 먹어요?					
4 얼마나 자주 친구를 만나요?					
5 여행을 자주 해요?					
6 자주 게임을 해요?					
7 자주 장을 봐요?					
8 얼마나 자주 요리를 해요?					
9 얼마나 자주 운동을 해요?					
10 노래방에 자주 가요?					

연습 2 주말 계획을 쓰세요. 그리고 답변을 사용하여 친구와 묻고 답하세요.

토요일	일요일
친구와 같이 점심을 먹다	
커피를 마시다	
집에 오다	
한국어 공부를 하다	

> **보기**
>
> 가: ________ 씨는 토요일 에 무엇을 할 거예요?
>
> 나: 저는 친구와 같이 점심을 먹을 거예요. 점심을 먹은 후에 커피를 마실 거예요.
> 그리고 커피를 마신 후에 집에 올 거예요. 집에 온 후에 한국어 공부를 할 거예요.

가: ________ 씨는 ________ 에 무엇을 할 거예요?

나: 저는 ____________________________________

그리고 ____________________________________

ㅎ 발음 탈락 및 약화

1	받침 ㅎ + 모음 → [ㅎ] 소리 없음	많이 [마니] 좋아요 [조아요] 싫어요 [시러요]
2	ㅎ → 앞뒤에 'ㄴ, ㄹ, ㅁ, ㅇ' → [ㅎ] 소리 약해짐 (하지만 원어민마다 발음이 조금씩 달라서 [ㅎ] 소리 약하게 발음하는 사람도 있고 아예 발음하지 않은 사람도 있음)	전화 [전화~저놔] 철학 [철학~처락] 감히 [감히~가미]

연습 1 문장을 듣고 따라 하세요.

1 저는 시간이 <u>많아요</u>.
　　　　[마나요]

2 선생님은 언제 시간이 <u>괜찮아요</u>?
　　　　[괜차나요]

3 저는 <u>은행에</u> <u>전혀</u> 안 가요.
　　[으냉에] [저녀]

4 저는 지하철로 <u>출근해요</u>.
　　　　[출그내요]

5 <u>전화번호</u>가 뭐예요?
　[저놔버노]

연습 2 다음을 듣고 따라 하세요.

저기 저 한국 항공 화물 항공기는 출발할 한국 항공 화물 항공기인가?
그렇다면 언제 출발하려는 한국 항공 화물 항공기인가?
출발할 준비를 전혀 안 하고 있는 한국 항공 화물 항공기가 전혀 안 움직이고 있다.

항공　화물　항공기　그렇다면　준비하다　전혀 안　움직이다

연습 1 대화를 듣고 답하세요.

1 맞는 것에 ◯, 틀린 것에 ✕ 하세요.

① 이 사람은 작년 8월부터 한국에서 삽니다. (　　)

② 이 사람은 한국 카페를 좋아하지 않습니다. (　　)

③ 이 사람은 퇴근한 후에 카페에 갑니다. (　　)

④ 한국 카페는 아침에 일찍 문을 엽니다. (　　)

2 질문에 답하세요.

① 이 사람의 직업이 무엇입니까?

② 이 사람은 한국 생활이 어떻습니까?

③ 이 사람은 카페에서 무엇을 합니까?

연습 2 대화를 듣고 답하세요.

1 신이는 친구와 어디를 갈 겁니까?

① 　② 　③ 

2 맞는 것에 ◯ 하세요.

① 신이는 운동을 좋아해서 자주 합니다.

② 신이는 친구를 만나면 항상 식당에 갑니다.

③ 신이는 고향에 돌아간 후에 고향 음식을 많이 먹을 겁니다.

④ 신이는 요즘 시간이 없어서 친구를 가끔 만납니다.

3 질문에 답하세요.

① 신이는 처음에 한국 생활이 어땠습니까?

② 신이는 무엇을 자주 합니까?

③ 신이는 무슨 음식을 자주 먹습니까?

④ 신이는 무엇을 좋아하지 않습니까?

연습 1 글을 읽고 질문에 답하세요.

> 저는 지금 한국에 삽니다. 작년에 한국에 왔습니다. 작년 10월부터 올해 8월까지 어학당에서 한국어를 배웠습니다. 한국어를 배운 후에 한국 회사에 취직했습니다.
>
> 저는 지금 한국 회사에서 일합니다. 회사 일이 끝난 후에 운동을 합니다. 그리고 쇼핑을 좋아해서 쇼핑도 자주 갑니다. 일찍 퇴근하면 친구를 만나서 쇼핑몰에 갑니다. 그리고 시간이 있으면 요리를 합니다.
>
> 그렇지만 요즘은 야근이 많습니다. 회의도 많고 일도 많아서 바쁩니다. 매일 일이 늦게 끝납니다. 그래서 요즘 운동을 거의 안 합니다. 친구도 거의 만나지 않고 쇼핑도 하지 않았습니다.
>
> 저는 한 달 후에 휴가를 갑니다. 다음 달 4일부터 9일까지 휴가입니다. 다음 달에 친구를 만나서 쇼핑할 겁니다. 그리고 요리도 하고 운동도 할 겁니다.

1 순서대로 쓰세요.

② ▶ (   ) ▶ (   )

①  ② 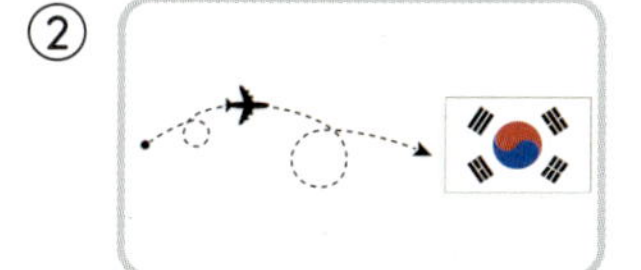 ③ 

▶ 한국에 온 후에 _______________________

▶ 한국어를 _______________________

2 맞는 것에 ◯, 틀린 것에 ✕ 하세요.

① 이 사람은 한국 회사에 취직했습니다.　　　　　(　　　)
② 이 사람은 야근한 후에 운동을 합니다.　　　　　(　　　)
③ 이 사람은 요즘 시간이 많아서 쇼핑을 자주 갑니다.　(　　　)
④ 이 사람은 한 달 후에 운동도 하고 요리도 할 겁니다.　(　　　)

연습 2 여러분에 대해 쓰세요.

- 여러분은 한국어를 얼마나 자주 공부합니까?
- 여러분은 시간이 있으면 무엇을 합니까?
- 그 일을 얼마나 자주 합니까?

____

____

____

영상을 보고 한국인의 취미에 대해 더 알아보세요!

한국인의 취미

한국인은 일이나 학교가 끝나면 뭘 할까요? 한국인은 어떤 취미를 갖고 있을까요? 다양한 종류가 있지만, 가장 유명한 몇 가지를 소개할게요.

헬스장에 가거나 운동하는 것은 나이에 상관 없이 가장 인기 있는 취미예요. 옛날엔 노래방이 가장 인기였지만, 요즘, 특히 팬데믹 이후 사람들은 건강에 대해 더 많이 신경 쓰기 시작했어요. 이 때문에 헬스장과 피트니스 클럽 수가 정말 많아졌어요. 또 한국인은 먹는 것을 좋아해요. 맛집이나 유명한 식당을 찾아가는 것이 젊은 한국 사람들의 취미 활동이 되고 있어요. 어떤 지역에나 맛집이 있고, 한국인은 맛집에 가기 위해서 기꺼이 먼 곳까지 찾아가요. 맛있는 음식을 팔거나 경치가 좋은, 새롭고 멋진 장소를 찾는 것이 가치 있다고 생각해요. 한국인이 선호하는 또 다른 것은 수업(클래스)을 듣는 거예요. 제빵 클래스, 요리 클래스, 원데이 그림 클래스나 춤 클래스까지 있어요. 무슨 일을 하든지, 한국인은 개인적인 성장과 더불어 최고의 삶을 사는 것을 굉장히 중요하게 생각해요.

연습 1 한자어 숫자를 한글로 쓰세요.

17	58	101	276	809
십칠				
677	822	993	1,010	1,753
3,550	6,600	11,000	15,978	97,157

고유어 숫자를 한글로 쓰세요.

1	2	3	4	5	6	7	8	9	10
하나									

연습 2 질문에 답하세요.

> 그릇　　명　　개　　병　　마리　　권

1 무엇이 몇 개 있습니까?

① 

비빔밥이 　두 그릇　 있습니다.

② 

사람이 ＿＿＿＿＿ 있습니다.

③ 

책이 ＿＿＿＿＿ 있습니다.

④ 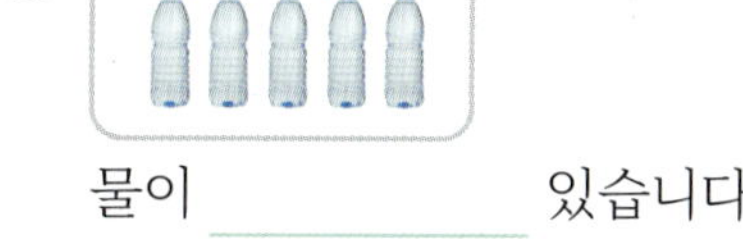

물이 ＿＿＿＿＿ 있습니다.

2 지금 몇 시 몇 분입니까?

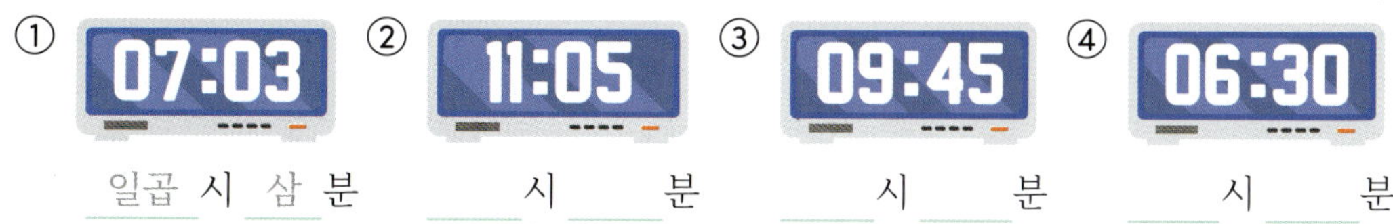

① 07:03　② 11:05　③ 09:45　④ 06:30

① 일곱 시 삼 분　　② ＿ 시 ＿ 분　　③ ＿ 시 ＿ 분　　④ ＿ 시 ＿ 분

3 몇 월 며칠입니까?

① 2021.3.1
이천이십일년 삼월 일일

② 1997.11.7

③ 2025.10.22

④ 2007.6.16

> 내려가다　　올라오다　　~~타다~~　　내리다
> 출발하다　　도착하다　　같다　　다르다

1 가: 다음 정류장에서 내리지요?
　　나: 네, 그리고 택시를 _타요._

2 가: 우리는 3층으로 올라가요?
　　나: 아니요, 1층으로 ___________

3 가: 빈아 씨, 언제 출발해요?
　　나: 조금 전에 ___________ 30분 후에 도착해요.

4 가: 켈리 씨의 휴대폰과 신이 씨의 휴대폰이 같아요?
　　나: 아니요, ___________ 제 휴대폰이 신이 씨 휴대폰보다 더 커요.

연습 **4** 문장을 완성하세요.

> ~~-고~~　　-아/어/해서　　-ㄴ/은 후에　　-고 싶어요

1 저는 친구를 만나서 _밥을 먹고_ 카페에 갔어요. (밥을 먹다)

2 어제 배가 ___________ 병원에 갔어요. (아프다)

3 내년에 한국 회사에서 ___________ (일하다)

4 잘 모르면 수업이 ___________ 선생님에게 질문해요. (끝나다)

> 까지　　보다　　에서　　부터

5 녹차 ___________ 커피를 더 좋아해요.

6 내일 강남역에 3시 ___________ 오세요.

7 오늘 ___________ 세일을 시작합니다.

8 집 ___________ 회사까지 지하철로 30분 걸려요.

연습 **5** 맞는 것에 ◯하세요.

> 저는 장신이예요. 지금 한국에서 한국어를 **1** (배워요 / 배웠어요 / 배울 거예요). 지금까지
> 한국에서 6개월 **2** (살아요 / 살았어요 / 살 거예요). 지난달에 친구와 같이 부산 여행을
> **3** (해요 / 했어요 / 할 거예요). 아주 재미있었어요. 저는 여행을 **4** (좋아해요 / 좋아했어요 /
> 좋아할 거예요). 그래서 자주 여행 책을 **5** (봐요 / 봤어요 / 볼 거예요). 저는 어제 여행 책에서
> 춘천을 **6** (봐요 / 봤어요 / 볼 거예요). 저는 춘천에 가고 **7** (싶어서요 / 싶어요 / 싶을 거예요).

11

주요 표현

제가 파티 준비를 도와줄게요.

문법

형 동 -지만, 명 (이)지만

동 -ㄹ/을게요

동 -기 전에, 명 전에

동 -(으)러 가다/오다

한국 이야기

집들이

어휘 및 표현

〔 파티 〕

파티(를) 하다

주문(을) 하다

축하(를) 하다

초대(를) 하다

집들이(를) 하다

배달(을) 시키다

이사(를) 하다

결혼(을) 하다

돕다/도와주다

부탁(을) 하다

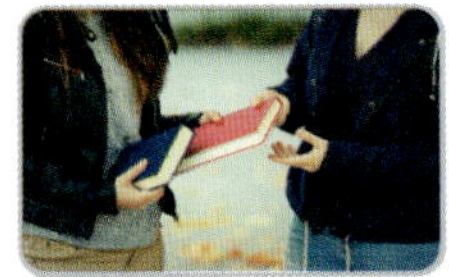

빌려주다

준비(를) 하다

〔 음식 〕

후식/디저트

재료

야채

고기

〔 표현 〕

키가 크다

키가 작다

잘하다

못하다

문법 ① 형 동 -지만, 명 (이)지만

가: 라면이 어때요? 나: 좀 맵지만 맛있어요.	지난주에 그 영화를 봤지만 오늘 또 볼 거예요.	켈리는 미국 사람이지만 한국어를 정말 잘해요.

SCAN FOR VIDEO

-지만, (이)지만은 앞에 오는 말을 인정하면서 그와 반대되거나 다른 사실을 나타냅니다. 과거형은 -았/었/했지만의 형태로 사용됩니다. 앞뒤 내용이 대조될 때, '은/는'을 사용하여 대조를 강조할 수 있습니다. (내 방은 작지만 친구 방은 넓어요.)

연습 1 문장을 만드세요.

1 옷 / 예쁘다 / 너무 / 비싸다 → 옷이 예쁘지만 너무 비싸요.

2 오전 / 덥다 / 지금 / 춥다 → ____________

3 어제 / 문법 / 배우다 / 잊어버리다 → ____________

4 민아 / 요리 / 잘하다 / 운동 / 못하다 → ____________

연습 2 알맞은 것을 연결하고 문장을 만드세요.

1 동생은 키가 커요. ●   ● 저 방은 커요.

2 이 방은 작아요. ●   ● 나는 일해요.

3 일요일이에요. ●   ● 저는 키가 작아요.

4 완은 많이 먹어요. ●   ● 날씬해요.

1 동생은 키가 크지만 저는 키가 작아요.

2 ____________

3 ____________

4 ____________

연습 3 맞는 것에 ◯ 하세요.

1 (피곤하고 / 피곤하지만) 매일 운동해요.

2 평일에는 (바쁘고 / 바쁘지만) 주말에는 시간이 많아요.

3 민아 씨는 키가 (크고 / 크지만) 날씬해요.

4 어제 피자를 (먹고 / 먹지만) 영화를 봤어요.

지금 도서관이에요. 이따가 전화할게요!

제가 도울게요!

-ㄹ게요	
가다	갈게요
보다	
쓰다	
만나다	
출발하다	
-ㄹ/을게요	
먹다	
읽다	
듣다	들을게요
돕다	
만들다	

가: 지금 어디예요? 왜 안 와요?
나: 미안해요, 수업이 지금 끝났어요. 지금 출발할게요.

-ㄹ/을게요는 동사와 사용하여 어떤 행동을 한다는 의지나 약속을 나타냅니다. 이 때문에, 말하는 사람이 문장의 주어가 될 수 있습니다. '알다, 모르다, 좋아하다, 싫어하다' 등의 동사는 의미적으로 약속이나 의지를 나타내지 않기 때문에 **-ㄹ/을게요**와 사용할 수 없습니다.

연습 1 문장을 완성하세요.

1 가: 담배는 건강에 안 좋아요.
　나: 네, 담배를 <u>끊을게요.</u> (끊다)

2 가: 제가 밥을 살게요.
　나: 그럼 저는 커피를 _________________ (사다)

3 가: 내일 같이 도서관에서 같이 공부해요.
　나: 좋아요. 제가 내일 수업이 끝난 후에 _________________ (전화하다)

4 가: 왜 수업에 늦었어요?
　나: 죄송해요. 늦잠을 잤어요. 앞으로 _________________ (늦지 않다)

연습 2 맞는 것에 ◯ 하세요.

1 가: 이번 주말에 계획이 있어요?
　나: 네, 친구들과 (등산할게요 / 등산할 거예요).

2 가: 늦어서 미안해요. 10분 후에 도착해요.
　나: 괜찮아요. (기다릴게요 / 기다릴 거예요).

3 가: 비가 많이 오지만 저는 우산이 없어요.
　나: 제가 우산이 두 개 있어요.
　　하나 (빌려줄게요 / 빌려줄 거예요).

4 가: 내일 바빠요? 우리 집에서 파티를 할 거예요.
　　친구들하고 같이 파티에 오세요.
　나: 네, 저는 갈게요. 그런데 민아 씨는 아마
　　(안 갈게요 / 안 갈 거예요). 요즘 바빠요.

한 시간 전에 도착했어요.
일주일 전에 민아 씨를 만났어요.

밥을 먹기 전에 손을 씻어요.
친구들이 오기 전에 청소해요.

SCAN FOR VIDEO

-기 전에, 전에는 앞에 오는 말이 뒤에 오는 말의 행동보다 앞서는 것을 나타냅니다.

연습 1 그림을 보고 문장을 만드세요.

1

자기 전에 샤워해요.

2

3

4

연습 2 문장을 만드세요.

1 수업 / 전 / 자리 / 앉다 → 수업 전에 자리에 앉아요.

2 은행 / 닫다 / 전 / 가다 →

3 10년 / 전 / 결혼하다 →

4 친구들 / 도착하다 / 전 / 음식 / 주문하다 →

연습 3 질문에 답하세요.

1 아침을 언제 먹었어요?

2 한국에 오기 전에 어디에 살았어요?

3 보통 자기 전에 뭐 해요?

4 한 시간 전에 뭐 했어요?

SCAN FOR VIDEO

| 가: 어디에 가요? | 가: 민아 씨, 무슨 일로 왔어요? | 밖에 쓰레기를 버리러 가요. |
| 나: 마트에 고기와 야채를 사러 가요. | 나: 우리 선생님을 보러 왔어요. | 바다를 보러 제주도에 가요. |

-(으)러 가다/오다는 동작의 목적을 나타내는 표현입니다. '명에'를 사용하여 목적지와 함께 나타내며, 이동을 나타내는 동사 '가다, 오다, 다니다'와만 사용합니다.

연습 1 표를 완성하세요.

-러 가다/오다		-으러 가다/오다	
보다	보러 가다/오다	받다	
빌리다		먹다	먹으러 가다/오다
만나다		찍다	
축하하다		찾다	
놀다		듣다	
만들다		걷다	

연습 2 그림을 보고 문장을 완성하세요.

1 
가: 오늘 오후에 뭐 해요?
나: 영화관에 영화를 보러 갈 거예요. (영화관, 영화를 보다)

2  
가: 은행에 왜 갔어요?
나: ___________________ 갔어요. (은행, 돈을 찾다)

3  
가: 어디에 다녀왔어요?
나: ___________________ 다녀왔어요. (대사관, 비자를 받다)

연습 3 질문에 답하세요.

1 옷가게에 뭐 하러 왔어요? ___________________

2 커피숍에 뭐 하러 가요? ___________________

3 이번 주말에 어디에 갈 거예요? ___________________

4 지난 주말에 어디에 갔어요? ___________________

대화문

완: 지훈 씨, 이번 주 금요일에 시간 있어요?

지훈: 금요일 오후에는 수업이 있**지만** 저녁에는 괜찮아요. 왜요?

완: 다음 주에 제 친구가 고향으로 돌아가요. 그래서 고향에 돌아가**기 전에** 친구들을 초대할 거예요. 시간이 있으면 오세요.

지훈: 네, 좋아요. **갈게요**. 어디에서 뭐 할 거예요?

완: 우리 집에서 밥을 먹을 거예요. 같이 음악을 듣고 놀 거예요.

지훈: 완 씨가 요리할 거예요? 제가 파티 준비를 도와**줄게요**.

완: 정말요? 금요일에 장을 보러 갈 거예요. 그리고 친구들이 오**기 전에** 청소할 거예요.

지훈: 그럼, 제가 수업이 끝난 후에 마트에서 재료를 사서 **갈게요**. 뭐가 필요해요?

완: 고기하고 야채가 필요해요. 정말 고마워요. 지훈 씨.

지훈: 아니에요, 괜찮아요. 제가 금요일에 전화**할게요**.

연습 1 대화문에 대해 답하세요.

1 지훈은 언제 시간이 있어요?

2 완은 왜 파티를 해요?

3 누가 마트에 가요? 무엇을 사러 가요?

4 완의 집에서 무엇을 할 거예요?

연습 2 여러분에 대해 답하세요.

1 여러분은 언제 파티를 해요?

2 여러분은 음식을 요리해요? 배달을 시켜요?

연습 1   친구와 묻고 답하세요.

보기

가: <u>토요일</u> 에 시간 있어요?

나: <u>금요일</u> 에는 바쁘지만

    <u>토요일</u> 에는 괜찮아요.

가: <u>운동을 하러 헬스장에 갈 거예요.</u>

    _______ 씨도 같이 가요.

나: 네, 저도 갈게요.

가: <u>헬스장</u> 에 도착하기 전에 전화하세요.

나: 네, 알겠어요. 전화할게요.

단어

1. 이번 주말 / 토요일, 일요일
   삼계탕을 먹다, 매화식당에 가다
2. 오늘 오후 / 오전, 오후
   공부하다, 마포 도서관에 가다
3. 내일 저녁 / 내일 낮, 저녁
   유나 씨 결혼 선물을 사다,
   뉴월드 백화점에 가다
4. 직접 대화를 만드세요.
   ____
   ____

연습 2   친구와 묻고 답하세요.

> **명**을/를 준비하다   장을 보다   노래를 부르다   춤을 추다
> 요리하다   음식을 주문하다   초대하다   선물을 사다

1   생일 파티

가: 내일 신이 씨 집에서 파티를 해요.

나: 제가 _______________________________

가: 그럼, 제가 _____________________________

2   집들이

가: 지난주에 크리스 씨가 이사했어요. 이번 주 토요일에 집들이를 해요. 같이 가요.

나: 좋아요. 저는 ___________________________

가: 그럼, 저는 _____________________________

3   취직 축하 파티

가: 루카 씨가 취직했어요. 우리 같이 축하 파티를 해요. 어때요?

나: 좋아요. 그럼 저는 _______________________

가: 저는 _________________________________

발음

ㄹ/을 + ㄱ, ㄷ, ㅂ, ㅅ, ㅈ → ㄲ, ㄸ, ㅃ, ㅆ, ㅉ

'-ㄹ/을' 뒤에 연결되는 'ㄱ, ㄷ, ㅂ, ㅅ, ㅈ'은 [ㄲ, ㄸ, ㅃ, ㅆ, ㅉ]로 발음됩니다.

갈 거예요 [갈 꺼예요]	읽을 거예요 [일글 꺼예요]
갈게요 [갈께요]	읽을게요 [일글께요]

연습 1 문장을 듣고 따라 하세요.

1 할 거지요?   **2** 볼게요.   **3** 들을 거예요?   **4** 쉴게요.

연습 2 문장을 듣고 따라 하세요.

1 앞으로 숙제를 꼭 <u>할게요</u>.
  [할께요]

2 내일부터 담배를 <u>끊을 거예요</u>.
  [끄늘 꺼예요]

3 서울에 기차로 <u>갈 거예요</u>.
  [갈 꺼예요]

4 이메일로 <u>보낼게요</u>.
  [보낼께요]

연습 3 듣고 따라 하세요.

계획을 세울 거예요. 여행을 떠날 거예요.
맛있는 음식을 찾아 먹을 거예요. 여행 가서 한 번에 할게요.

여행을 가다   찾다   한 번에

듣기

연습 1 대화를 듣고 답하세요.

1 지금 어디를 갑니까?

①  ②  ③ 

2 질문에 답하세요.

① 두 사람은 왜 도서관에 가지 않아요?

② 두 사람은 카페에 뭐 하러 가요?

연습 2 대화를 듣고 답하세요.

1 맞는 것에 ◯, 틀린 것에 ✕ 하세요.

① 신이는 케이크를 만들 거예요.　　　　　　　　　(　　)
② 생일 파티 음식은 사나가 만들 거예요.　　　　　(　　)
③ 이번 주말에 사나의 생일 파티를 할 거예요.　　(　　)
④ 사나 생일 파티에 반 친구들이 올 거예요.　　　(　　)

2 질문에 답하세요.

① 사나의 생일은 언제예요?

② 사나는 요리할 거예요?

③ 신이는 무엇을 준비해요?

④ 사나는 무엇을 준비해요?

연습 1 **글을 읽고 질문에 답하세요.**

저는 완입니다. 제 친구 메이는 이번 달 27일에 고향으로 돌아갑니다. 저는 처음에 한국 생활이 많이 어려웠습니다. 메이는 저를 많이 도와줬습니다. 그래서 저는 메이가 태국에 돌아가기 전에 파티를 준비할 겁니다. 우리 집에 메이와 친구들을 초대해서 같이 음식을 먹고 싶습니다. 한국 친구와 미국 친구를 초대할 겁니다. 여러 나라 음식을 준비할 겁니다.

저는 태국 요리는 잘하지만 한국 요리는 못합니다. 그래서 태국 음식을 요리하고 한국 음식은 주문할 겁니다. 한국에서는 음식 배달이 정말 빠릅니다. 그리고 미국 음식은 켈리 씨가 만들어서 올 겁니다. 친구들이 오기 전에 집을 청소하고 음식도 준비할 겁니다.

친구들과 같이 음식을 먹고 이야기도 많이 하고 싶습니다. 그리고 노래를 부르러 노래방에 갈 겁니다. 같이 춤도 추고 재미있게 놀고 싶습니다. 메이가 돌아가기 전에 사진도 많이 찍을 겁니다.

1 **맞는 것에 ◯ 하세요.**

① 메이는 지난달에 고향에 돌아갔습니다.

② 완은 친구들과 같이 노래를 부를 겁니다.

③ 완은 태국 음식을 주문할 겁니다.

④ 메이는 미국 사람이라서 미국 음식을 준비할 겁니다.

2 **질문에 답하세요.**

① 완은 왜 파티를 합니까?

② 어느 나라 친구를 초대할 겁니까?

③ 파티에서 춤을 출 겁니까?

④ 파티는 어디서 합니까?

연습 2 **여러분에 대해 쓰세요.**

- 여러분은 언제 파티를 할 겁니까?
- 누구를 초대할 겁니까?
- 무엇을 준비할 겁니까?

집들이

한국에서 이사하면 보통 집들이를 해요. 큰 파티는 아니지만 몇 명의 친구나 가족이 모여 새집에서 함께 식사해요. 서로 다른 그룹의 친구들을 초대해서 집들이를 여러 번 하는 일도 흔해요. 만약 이사한다면, "집들이 언제 해요?!" 라는 질문 폭격을 받을 거예요.

친구가 집들이에 초대했다면 뭘 가져가야 할까요? 맞아요, 휴지! 한국 사람들은 휴지나 생활용품이 번영을 의미한다고 생각해요. 세제나 물티슈, 키친타월도 인기 있는 선물이에요.

집들이에선 뭘 할까요? 초대된 집에 도착하면, 짧게 새집 구경을 해요. 그다음은 먹을 시간이에요. 음식을 직접 준비하기도 하지만, 주문하는 게 점점 더 흔해지고 있어요. 한국인에게 집은 매우 개인적인 공간이어서 아무에게나 공개하지 않아요. 집들이에 초대되는 건 대단한 일이기 때문에, 행동을 조심하세요.

12

SCAN FOR AUDIO

저는 한국 회사에 취직하려고 해요.

문법

- 동 -(으)려고 하다
- 동 -(으)세요 ①
- 동 -지 마세요
- 동 -아/어/해야 하다/되다

한국 이야기

한국에서 유학하기

〔계획〕

계획이 있다/없다

계획을 세우다

노력(을) 하다

포기(를) 하다

〔연애〕

소개(를) 하다

고백(을) 하다

선물(을) 하다

사귀다

데이트(를) 하다

싸우다

화해(를) 하다

청혼(을)/
프로포즈(를) 하다

〔학교 생활〕

시험을 보다

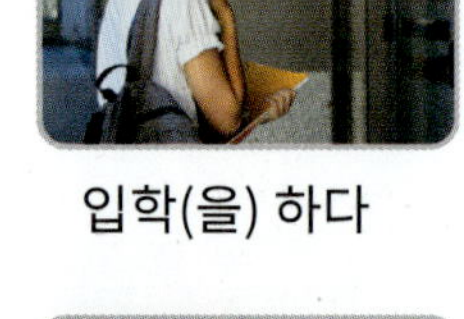

입학(을) 하다

방학(을) 하다

유학을 가다

군대에 가다

졸업(을) 하다

합격(을) 하다

시험에 떨어지다

SCAN FOR VIDEO

가: 방학에 뭐 할 거예요?	가: 이번 주말에 뭐 하려고 해요?	가: 어제 뭐 했어요?
나: 고향에 가려고 해요.	나: 친구를 만나서 밥을 먹으려고 해요.	나: 불고기를 만들려고 했어요. 그런데 피곤해서 안 만들었어요.

-(으)려고 하다는 동사와 결합하여 주어의 계획이나 의지를 나타냅니다. -(으)려고 했다는 과거에 하려고 계획한 일을 나타내는데, 주로 과거에 어떠한 일을 계획했지만 결국 안 하거나 못 했을 때 사용합니다.

연습 1 표를 완성하세요.

-려고 하다		-으려고 하다		-(으)려고 하다	
쓰다	쓰려고 하다	읽다		묻다	
그리다		찍다	찍으려고 하다	듣다	
사귀다		닫다		걷다	걸으려고 하다
살다		입다		돕다	

연습 2 문장을 완성하세요.

> 찍다　　　취직하다　　　준비하다　　　~~타다~~

1. 가: 버스를 타고 갈 거예요?
   나: 아니요, 늦어서 택시를 _타려고 해요._

2. 가: 지금 뭐 해요?
   나: 곧 손님이 올 거예요. 그래서 과일을 ___________

3. 가: 주말에 무슨 계획이 있어요?
   나: 친구와 함께 맛집에 갈 거예요. 음식도 먹고 사진도 ___________

4. 가: 대학교를 졸업한 후에 뭐 하고 싶어요? 계획이 있어요?
   나: 네, 한국 회사에 ___________

연습 3 질문에 답하세요.

1. 내일 뭘 하려고 해요? ___________

2. 마트에서 뭘 사려고 해요? ___________

3. 이번 주말에 뭘 먹으려고 해요? ___________

4. 지난주에 누구를 만나려고 했어요? ___________

SCAN FOR VIDEO

여기를 보세요.	들으세요.	매일 걸으세요.

가: 우체국은 어디로 가요?	가: 저는 어디에 앉아요?
나: 오른쪽으로 가세요.	나: 민아 씨 옆에 앉으세요.

-(으)세요는 동사에 결합하여 상대방에게 어떤 행동을 할 것을 명령하거나 요청할 때 사용합니다. 누군가에게 요청할 때 사용할 수 있는 정중한 표현이자 가장 일반적인 표현입니다.
단, '먹다'의 높임말은 '드시다'이고 '자다'의 높임말은 '주무시다'입니다. 발표나 뉴스 방송 등의 격식적인 상황에서 사용되는 -(으)세요의 높임말은 '-(으)십시오'입니다. (읽으십시오)

연습 1 표를 완성하세요.

-세요		-으세요		-(으)세요	
끄다	끄세요	앉다		걷다	
자르다		읽다	읽으세요	만들다	
쉬다		찍다		드시다	드세요
주다		잡다		살다	
준비하다		받다		주무시다	

연습 2 문장을 완성하세요.

> 전화하다   닫다   주다   끄다

1 가: 4시에 수업이 있어요. 5시에 전화하세요★.
나: 네, 5시에 전화할게요.

2 가: 어서 오세요. 뭘 드릴까요?
나: 커피 한 잔 __________

3 가: 영화관에서는 휴대폰을 __________
나: 네, 끌게요.

4 가: 너무 시끄러워요.
나: 그러면 문을 __________

| 왼쪽으로 가지 마세요. | 의자에 물이 있어요. 앉지 마세요. | 너무 많이 걷지 마세요. |

-(으)세요의 부정형으로 행동에 대해 금지를 뜻하는 표현은 **-지 마세요**로, **-지 말다**와 **-(으)세요**가 합쳐진 형태입니다.

연습 1 그림을 보고 문장을 완성하세요.

| 버리다 | 들어가다 | 수영하다 | ~~좌회전하다~~ |

1 여기에서 <u>좌회전하지 마세요.</u>

2 여기에서 ________________

3 쓰레기를 ________________

4 여기에 ________________

연습 2 문장을 완성하세요.

1 가: 도서관 안에서 음식을 <u>먹지 마세요.</u> (먹다)
　　나: 네, 미안해요. 안 먹을게요.

2 가: 오늘 우리 산에 가요?
　　나: 네, 그러니까 구두를 ________________ (신다)

3 가: 여기에서 담배를 ________________ (피우다)
　　나: 죄송해요. 안 피울게요.

연습 3 선생님이 학생에게 하거나 하지 말라고 할 것을 쓰세요.

| ~~숙제를 하다~~ | ~~전화를 받다~~ | 책을 읽다 | 음식을 먹다 |
| 음악을 듣다 | 단어를 쓰다 | 문법을 외우다 | 잠을 자다 |

1 ________________　　**2** ________________

3 ________________　　**4** ________________

5 ________________　　**6** ________________

 **문법 ④** 

동-아/어/해야 하다/되다 

가: 벌써 자요? 나: 네, 내일 회사에 일찍 가야 해요.	가: 신이 씨, 어디 가요? 나: 집에 가야 돼요. 친구가 오기 전에 집을 청소해야 해요.	가: 한국어 공부가 어려워요. 나: 한국 사람과 자주 이야기해야 해요.

-아/어/해야 하다/되다는 동사 끝에 결합하여 무언가를 해야 할 필요나 의무가 있을 때 사용합니다. 의미를 강조하기 위해 종종 부사 '꼭'을 함께 씁니다. 끝에 사용되는 '하다', '되다'에 차이는 없습니다.

연습 1 표를 완성하세요.

-아야 하다/되다		-어야 하다/되다		-어야/해야 하다/되다	
사다	사야 하다/되다	읽다		청소하다	
가다		입다	입어야 하다/되다	고백하다	
팔다		만들다		쓰다	써야 하다/되다
살다		가르치다		걷다	

연습 2 문장을 완성하세요.

1 

가: 우리 같이 공원에 가요

나: 미안해요. 오늘은 <u>공부해야 해요.</u> 내일 시험을 봐요. (공부하다)

2 

가: 이것이 뭐예요?

나: 수영 모자예요. 수영장에서는 수영 모자를 _____________ (쓰다)

3 

가: 일본에 가려고 해요. 무엇을 준비해야 해요?

나: 일본은 비가 자주 와서 우산을 꼭 _____________ (가져가다)

4

가: 여기는 무슨 음식이 맛있어요?

나: 비빔밥이 맛있어요. 안 먹어 봤으면 꼭 _____________ (먹다)

연습 3 질문에 답하세요.

1 마트에서 무엇을 사야 해요? _____________

2 수업 전에 무엇을 해야 해요? _____________

3 집에 와서 제일 먼저 무엇을 해야 해요? _____________

대화문

완: 사나 씨는 한국에서 대학교를 졸업했지요?

사나: 네, 작년에 졸업했어요.

완: 그럼 저 좀 도와주세요. 한국 대학교에서 관광학을 공부하고 싶어요. 올해 꼭 대학교에 합격**해야 해요**.

사나: 그래요? 그럼 먼저 한국어 능력시험에 합격**해야 해요**.

완: 한국어는 어떻게 공부해요?

사나: 우선 한국 드라마와 영화를 자주 보고 한국 친구도 사귀세요. 포기하지 말고 열심히 노력하세요.

완: 네, 고마워요. 사나 씨는 올해 무슨 계획이 있어요?

사나: 저는 한국 회사에 취직**하려고 해요**. 그래서 열심히 준비하고 있어요.

연습 1 대화문에 대해 답하세요.

1 완은 올해 무엇을 하려고 해요?

2 한국 대학교에 입학하려면 무엇을 해야 해요?

3 한국어 공부는 어떻게 해야 해요?

4 사나는 올해 무엇을 하려고 해요?

연습 2 여러분에 대해 답하세요.

1 여러분의 올해 계획은 무엇이에요?

2 왜 그 계획을 세웠어요?

3 어떤 노력을 할 거예요?

연습 1 친구와 묻고 답하세요.

> **보기**
> 가: <u>건너</u> 지 말고 <u>기다리</u> 세요.
> 나: 네, 알겠어요.

> **표현**
> 동1 지 말고 동2 (으)세요.
> 알겠어요.

| 1 공부하다 (✗) | 2 거피를 마시나 (✗) | 3 늦게 오다 (✗) | 4 떠들다 (✗) |
| 자다 (○) | 차를 마시다 (○) | 일찍 오다 (○) | 수업을 듣다 (○) |

연습 2 친구와 묻고 답하세요.

> **보기**
> 가: 어제 <u>식당에서 밥을 먹었어요?</u>
> 나: 아니요. <u>식당에서 밥을 먹으</u> 려고 했지만 <u>사람이 너무 많았어요.</u>
>   그래서 <u>배달을 시켜서 먹었어요.</u>

1 영화를 보다	2 운동하다	3 택시를 타고 가다	4 민아 씨와 놀다
숙제가 너무 많다	피곤하다	지갑이 없다	민아 씨가 일이 있다
지수와 숙제를 하다	영화를 보다	걸어서 가다	크리스 씨와 게임하다

연습 3 친구와 묻고 답하세요.

> 여권을 만들다   식당을 예약하다   요리하다
> 열심히 공부하다   유학을 가다   ~~단어를 많이 외우다~~
> 음식을 만들다   한국어를 잘하다   모임에 자주 가다

> **보기**
> 가: <u>한국어를 잘하고 싶어요.</u> 어떻게 해야 해요?
> 나: <u>단어를 많이 외워야 해요.</u>

| 1 집들이를 하다 | 2 시험에 합격하다 | 3 한국 회사에 취직하다 |
| 4 해외여행을 가다 | 5 파티를 하다 | 6 친구를 사귀다 |

발음

받침 ㄺ

1	겹받침 'ㄺ' + 'ㄱ'으로 시작하는 어미 → 'ㄺ' 중 'ㄹ'로 읽음	읽고 [일꼬] 맑고 [말꼬]
2	겹받침 'ㄺ' + 나머진 자음 → 'ㄺ' 중 'ㄱ'으로 읽음	읽다 [익따] 맑지만 [막찌만] 읽습니다 → 익씁니다 [익씀니다]
3	겹받침 'ㄺ' + 모음 → 'ㄺ' 중 'ㄹ'로 발음하고, 'ㄱ'은 뒤에 따라오는 모음과 함께 발음	밝아요 [발가요] 맑아요 [말가요] 읽어요 [일거요]

연습 1 듣고 따라 하세요.

1 읽어요 [일거요]

2 맑아요 [말가요]

3 밝아요 [발가요]

4 읽고 싶어요 [일꼬 시퍼요]

5 밝고 [발꼬]

6 밝다 [박따]

7 밝지만 [박찌만]

8 맑지만 [막찌만]

9 밝습니다 [박씀니다]

10 맑습니다 [막씀니다]

연습 2 문장을 듣고 따라 하세요.

1 불이 너무 밝아요.

2 오늘은 날씨가 맑아요.

3 신이 씨가 책을 읽습니다.

4 서울은 맑지만 제주도는 흐려요.

5 완은 책을 읽고 켈리는 신문을 읽어요.

6 이 책을 자주 읽으세요. 저 책은 읽지 마세요.

7 날씨가 맑아서 밖에서 책을 읽어요.

8 지금은 하늘이 밝고 맑지만 오후엔 비가 와요.

연습 3 듣고 따라 하세요.

읽던 책이 읽히지 않더라도, 읽던 책을 읽고 있었다면,
그것이 읽히지 않더라도 읽은 것으로 친다.

읽히다   -지 않다   치다

연습 1 대화를 듣고 맞는 계획을 쓰세요.

① 	② 	③ 	④ 
⑤ 	⑥ 	⑦ 	⑧ 

1 __________ 2 __________ 3 __________ 4 __________

연습 2 대화를 듣고 답하세요.

1 틀린 것에 ◯ 하세요.

① 완은 여자 친구가 있어요.

② 크리스는 여자 친구가 있어요.

③ 크리스는 데이트에 1시간 늦었어요.

④ 완은 올해 여자 친구를 사귀고 싶어 해요.

2 질문에 답하세요.

① 크리스는 지금 기분이 어때요? ______________________

② 크리스는 왜 늦었어요? ______________________

③ 크리스는 내일 무슨 계획이 있어요? ______________________

④ 크리스의 데이트는 몇 시였어요? ______________________

읽기와 쓰기

 글을 읽고 질문에 답하세요.

> 저는 미유입니다. 저는 한국인 남자 친구가 있습니다. 제 친구 사나 씨가 남자 친구를 소개했습니다. 그리고 지금까지 3년을 사귀었습니다. 한국어와 한국 문화가 많이 어려웠지만 남자 친구가 저를 많이 도와줬습니다. 남자 친구가 멋있고 친절해서 제가 먼저 고백했습니다.
>
> 그런데 한국 남자는 모두 군대에 가야 합니다. 그래서 남자 친구도 올해 군대에 가려고 합니다. 남자 친구가 군대에 가기 전에 우리는 데이트도 많이 하고 여행도 가려고 합니다. 남자 친구는 군대에 다녀온 후에 다시 공부해서 대학교를 졸업하려고 합니다.
>
> 저도 남자 친구가 군대에 간 후에 영국에서 1년쯤 영어를 배우고 싶습니다. 그리고 한국에 돌아와서 대학교를 졸업한 후에 취직하려고 합니다.

1 틀린 것에 ◯ 하세요.

① 미유는 한국 사람입니다.

② 미유는 사나의 친구입니다.

③ 미유의 남자 친구는 대학생입니다.

④ 미유는 영국에서 영어를 배우려고 합니다.

2 질문에 답하세요.

① 미유와 남자 친구는 어떻게 만났어요?

② 미유는 남자 친구를 왜 좋아했어요?

③ 미유의 남자 친구는 군대에 다녀온 후에 무슨 계획이 있어요?

④ 미유는 유학한 후에 무슨 계획이 있어요?

 여러분에 대해 쓰세요.

- 올해 어떤 계획을 세웠습니까?
- 그것을 왜 하고 싶습니까?
- 그 계획을 어떻게 준비해야 합니까?

한국에서 유학하기

한국에서 공부할 계획이 있나요? 좋은 소식이네요! 한국에서 공부할 수 있는 몇 가지 방법이 있어요.

- 여러분 대학교의 교환 학생 프로그램으로 공부할 수 있어요. 여러분의 대학교에서 서류작업과 비자에 관련된 것을 도와주기 때문에, 직접 지원하는 것보다 더 쉬울 거예요. 한국어에 대한 사전 지식은 필요하지 않아요. 보통 한 학기나 1년 과정이고, 여러분 학교의 학점으로 인정되는 강의를 들어야 해요. 한국 대학교의 학위 과정과는 달라요.

- 어학원에 다닐 수도 있어요. 보통 2개월 프로그램이고 비자가 필요하지 않아요. 더 오래 다니고 싶다면 학생 비자가 필요해요. 한국어에 대한 사전 지식이 없어도 돼요.

- 한국 대학교의 특별 어학 프로그램을 듣거나 어학당에 다닐 수 있어요. 프로그램이 보통 10주간 진행되기 때문에 학생 비자를 신청하고 직접 한국 대학에 등록해야 해요. 한국어에 대한 사전 지식이 필수적이진 않지만, 한국 입국 이후 레벨 테스트를 볼 거예요.

- 한국 대학교에서 학사 학위를 받으려면, 실제 대학교 입학을 해야 해요. 대학교마다 기준이 다르지만, TOPIK 4급 이상이 필요해요. TOPIK 점수가 없다면 받을 때까지 어학당 프로그램을 들어야 하는데, 1년 반 정도가 소요돼요. 그 이후엔 일반 대학 강의를 들을 수 있지만 졸업 전에 TOPIK 6급을 따야 해요. 대학별 기준이 다르기 때문에 자세한 정보는 학교 웹 사이트에서 확인하세요.

13

SCAN FOR AUDIO

날씨가 맑으면 한강에서 자전거를 한번 타 보세요.

동 -ㄹ/을 수 있다/없다

못 동, 동 -지 못하다

동 -아/어/해 보다

→ 동 -아/어/해 보세요/볼게요

날씨와 계절이 주는 감성

〔계절〕

봄

꽃이 피다

꽃구경(을) 하다

소풍을 가다

여름

수박/팥빙수를 먹다

선풍기/에어컨을 켜다

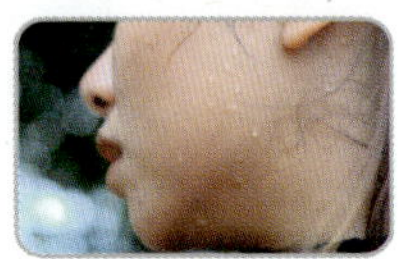
땀이 나다

가을

단풍이 들다

단풍 구경을 가다

낙엽이 떨어지다

겨울

스키/스케이트를 타다

눈사람을 만들다

눈싸움을 하다

〔날씨〕

맑다

흐리다

구름이 끼다

시원하다

따뜻하다

쌀쌀하다

비가/눈이 오다/내리다

비가/눈이 그치다

바람이 불다

날씨가 좋다

날씨가 나쁘다/안 좋다

미세먼지가 심하다

가: 한국 신문을 읽을 수 있어요?	가: 민아 씨, 무슨 음식을 만들 수 있어요?
나: 아니요, 어려워서 읽을 수 없어요.	나: 저는 한국 음식을 만들 수 있어요.

-ㄹ/을 수 있다/없다는 동사 끝에 결합하여 능력의 유무를 나타냅니다. 그러한 능력이 있으면 **있다**, 능력이 없으면 **없다**를 씁니다. 가능성 유무를 나타내기도 하는데, 가능한 것에 **있다**, 불가능한 것에 **없다**를 씁니다.

연습 1 표를 완성하세요.

-ㄹ 수 있다/없다		-을 수 있다/없다		-ㄹ/을 수 있다/없다	
타다	탈 수 있다/없다	입다		걷다	
쓰다		먹다	먹을 수 있다/없다	듣다	
켜다		앉다		놀다	놀 수 있다/없다
가다		잡다		살다	

연습 2 문장을 완성하세요.

1 저는 스키를 <u>탈 수 있어요.</u> (타다, O)

2 저는 젓가락으로 음식을 ___________________ (먹다, X)

3 저는 한국 신문을 ___________________ (읽다, O)

4 수영 모자를 안 가져왔어요. 그래서 ___________________ (수영하다, X)

연습 3 질문에 답하세요.

1 무슨 음식을 만들 수 있어요? ___________________

2 무슨 한국 노래를 부를 수 있어요? ___________________

3 만 원으로 무엇을 살 수 있어요? ___________________

4 오늘 낮에 산책할 수 있어요? ___________________

가: 한국어를 읽을 수 있어요? 나: 아니요, 한국어를 **못** 읽어요. (= 읽**지 못해요**.)	가: 오늘 6시까지 올 수 있어요? 나: 아르바이트가 있어서 **못** 가요. (= 가**지 못해요**.)
가: 자주 요리해요? 나: 저는 요리를 **못** 해서 (= 하**지 못해서**) 　항상 사서 먹어요.	가: 숙제했어요? 나: 아니요, 어제 바빠서 숙제를 **못** 했어요. 　(= 하**지 못했어요**.)

못-이나 **-지 못하다**는 동사와 사용하여 무언가가 불가능하다는 것을 의미합니다. 기회나 능력이 없다는 것을 의미하기도 합니다. '-ㄹ/을 수 없다'와 바꿔 쓸 수 있습니다.

연습 1 문장을 만드세요.

1　저는 한국말을 할 수 없어요.
　　저는 한국말을 못 해요. / 저는 한국말을 하지 못해요.

2　저는 스케이트를 탈 수 없어요.

3　혼자 머리를 자를 수 없어요.

4　저는 화장을 할 수 없어요.

연습 2 문장을 완성하세요.

1　가: 김치를 먹을 수 있어요?
　　나: 아니요, 매워서 못 먹어요 / 먹지 못해요.

2　가: 목소리가 작아서 ＿＿＿＿＿＿＿＿＿
　　나: 네, 다시 말할게요. 잘 들으세요.

3　가: 우리 오늘 저녁에 같이 술을 마셔요.
　　나: 오늘은 병원에 가야 해서 술을 ＿＿＿＿＿＿＿＿＿

4　가: 뮤지컬 표가 두 장 있어요. 오늘 같이 보러 가요.
　　나: 오늘 저녁에 아르바이트 있어서 ＿＿＿＿＿＿＿＿＿

가: 명동에 가 봤어요? 나: 네, 1년 전에 가 봤어요.	가: 불고기를 먹어 봤어요? 나: 아니요, 아직 안 먹어 봤어요.	가: 혼자 여행해 봤어요? 나: 네, 저는 혼자 자주 여행해요.

-아/어/해 보다는 동사에 결합하여 무언가를 시도하거나 경험하는 것을 나타냅니다. 과거형 **-아/어/해 봤어요**를 사용하여 과거에 시도하거나 경험한 것을 나타낼 수 있습니다. 매일 하거나 반복적으로 하는 활동에는 사용하지 않습니다.

연습 **1** 표를 완성하세요.

-아 보다		-어 보다		-해 보다	
가다	가 보다	입다		청소하다	
사다		읽다		구경하다	구경해 보다
받다		먹다		공부하다	
자르다		듣다	들어 보다	여행하다	

연습 **2** 문장을 완성하세요.

1 저는 경복궁에 _가 봤어요._ (가다)

2 저는 김치를 ________________ (먹다)

3 저는 김밥을 ________________ (만들다)

4 저는 한국 노래를 ________________ (안 듣다)

연습 **3** 그림을 보고 문장을 만드세요.

1 
기차를 타다

가: 기차를 타 봤어요?
나: 네, 타 봤어요. / 아니요, 안 타 봤어요.

2 
된장찌개를 먹다

가: ________________
나: ________________

3
스케이트를 타다

가: ________________
나: ________________

동 -아/어/해 보세요/볼게요 ·········· Track 110

가: 곱창을 먹어 봤어요? 나: 아니요, 안 먹어 봤어요. 가: 한번 먹어 보세요.	가: 민아가 아직 안 왔어요? 나: 네, 제가 전화해 볼게요.

-아/어/해 보다는 정중한 제안 표현으로 -(으)세요와 함께 사용될 때가 많습니다. 둘을 결합한 **-아/어/해 보세요**에 '한번'을 사용하여 더 부드럽게 제안할 수 있습니다. **-ㄹ/을게요**도 -아/어/해 보다와 함께 사용되어 무언가를 시도할 것을 나타냅니다.

연습 4 문장을 완성하세요.

1 가: 민아 씨, 그 책 재미있어요?
나: 네, 재미있어요. 한번 <u>읽어 보세요.</u>
(읽다 + -아/어/해 보다 + -(으)세요)

2 가: 경복궁에 아직 안 가 봤어요?
나: 네, 아직 안 가 봤어요. 다음 주에 ___________
(가다 + -아/어/해 보다 + -ㄹ/을게요)

3 가: 이 문법이 너무 어려워요. 잘 모르겠어요.
나: 잘 모르면 선생님에게 ___________
(묻다 + 아/어/해 보다 + -(으)세요)

4 가: 다음 주가 휴가죠? 뭐 할 거예요?
나: 친구와 같이 수영을 ___________
(배우다 + 아/어/해 보다 + -(으)려고 해요)

연습 5 문장을 만드세요.

> 매일 공원에서 걷다   여행을 떠나다   자기 전에 책을 읽다   ~~동대문 시장에 가다~~

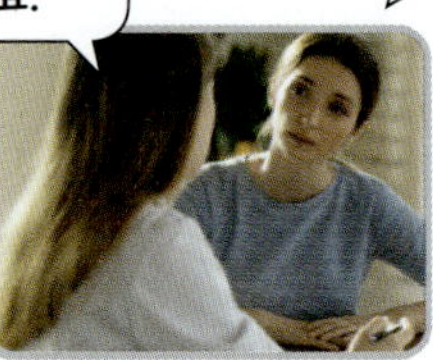

1 밤에 잠을 잘 수 없어요.

2 요즘 기분이 안 좋아요.

3 살을 빼고 싶어요.

1 ___________
2 ___________
3 ___________

대화문 

사나: 민아 씨, 다음 주에 일본에서 제 친구가 와요.

민아: 그래요? 친구하고 뭐 할 거예요?

사나: 바빠서 아직 계획을 세우**지 못했어요**.

민아: 날씨가 맑으면 같이 한강에 가 보세요.

사나: 한강에서 뭘 **할 수 있어요**?

민아: 한강에서 친구하고 자전거를 **탈 수 있어요**. 한강을 모두 **볼 수 있어서** 좋아요. 그리고 저녁에 치킨을 **먹을 수 있어요**.

사나: 저도 치킨 아주 좋아해요!

민아: 날씨가 안 좋으면 요리 **해 보세요**. 요리를 **해 봤어요**?

사나: 네, 제 취미예요.

민아: 그럼 한국 요리 수업을 받**아 보세요**. 한국 음식을 배울 **수 있어요**. 어때요?

사나: 좋아요. 저도 한국 음식을 만들**어 보고** 싶었어요.

연습 1 대화문에 대해 답하세요.

1 다음 주에 일본에서 누가 와요?

2 한강에서 뭘 할 수 있어요?

3 날씨가 안 좋으면 뭘 할 수 있어요?

4 사나는 무엇을 해 보고 싶어 했어요?

연습 2 여러분에 대해 답하세요.

1 한국에 가면 어디에 가 보고 싶어요?

2 그리고 무엇을 먹어 보고 싶어요?

3 날씨가 안 좋으면 무엇을 할 거예요?

4 원데이클래스를 해 봤어요? 무슨 수업을 들었어요?

말하기

 친구와 묻고 답하세요.

> **보기**
>
> 가: 기타를 칠 수 있어요?
>
> 나: 네, 저는 기타를 칠 수 있어요.　　　　나: 아니요,
> 가: 기타를 잘 쳐요?　　　　　　　　　　　　저는 기타를 못 쳐요.
>
> 나: 네, 잘 쳐요.　　나: 아니요, 칠 수 있 지만
> 　　　　　　　　　　　　　　　　잘 못 쳐요.

1 중국어를 하다　　**2** 운전을 하다　　**3** 떡볶이를 먹다　　**4** 케이크를 만들다

 친구와 묻고 답하세요.

> **보기**
>
> 가: 찜질방에 가 봤어요?
> 나: 아니요, 못 가 봤어요.
> 가: 덥지만 재미있어요. 한번 가 보세요.
> 나: 네, 다음에 가 볼게요.

1 스키를 타다　　　　　　**2** 한복을 입다　　　　　　**3** 이 노래를 듣다
　　춥지만 즐겁다　　　　　　　정말 아름답다　　　　　　　신나고 좋다

 친구와 묻고 답하세요.

> **보기**
>
> 가: ＿＿＿＿ 씨는 무슨 계절을 좋아해요?
> 나: 저는 겨울 을 좋아해요.
> 가: 왜 겨울 을 좋아해요?
> 나: 눈싸움을 할 수 있어서 좋아요.
> 　　＿＿＿＿ 씨도 겨울 에 한국에서 눈싸움을 해 보세요.

발음

'못' 뒤 모음과 자음

1	받침 ㅅ의 대표 발음 → [ㄷ]	못 찾아요 [몯차자요]
2	받침 발음 [ㄷ] + 모음 → 연음	못 와요 → 몯 와요 [모돠요]
3	받침 [ㄷ] + 'ㄱ, ㄷ, ㅂ, ㅅ, ㅈ' → [ㄲ, ㄸ, ㅃ, ㅆ, ㅉ]	못 가요 → 몯 가요 [몯까요] 못 들어요 → 몯 들어요 [몯뜨러요]
4	받침 [ㄷ] + 'ㄴ, ㅁ' 받침 [ㅌ] → [ㄴ]	못 내려요 → 몯 내려요 [몬내려요] 못 먹어요 → 몯 먹어요 [몬머거요]
5	받침 [ㄷ] + 'ㅎ' → [ㅌ][ㄷ]	못 해요 → 몯 해요 [모태요]

연습 1 문장을 듣고 따라 하세요.

1 못 타요 [몯타요]

2 못 읽어요 [모딜거요]

3 못 갔어요 [몯까써요]

4 못 나갑니다 [몬나감니다]

5 못 먹었습니다 [몬머걷씀니다]

6 못 했어요 [모태써요]

연습 2 문장을 듣고 따라 하세요.

1 지갑을 못 찾았습니다.

2 왜 숙제를 못 했어요?

3 저는 김치를 못 먹어요.

4 저는 한국 신문을 못 읽어요.

5 시간이 없어서 파티에 못 가요.

6 버스에 사람이 많아서 못 탔어요.

7 내일 시험이 있어서 오늘은 못 놀아요.

8 어제 커피를 너무 많이 마셔서 못 잤습니다.

연습 3 다음을 듣고 따라 하세요.

마음이 못된 사람은 얼굴도 못나게 변하고
마음이 못되지 않은 사람은 얼굴도 못나지 않게 변한다.

마음   못된   얼굴   못나게   변하다

듣기

연습 1 대화를 듣고 맞는 날씨를 쓰세요.

①  ②  ③  ④ 

⑤  ⑥  ⑦  ⑧ 

1 __________ 2 __________ 3 __________ 4 __________

연습 2 대화를 듣고 답하세요.

1 틀린 것에 ◯ 하세요.

① 완은 꽃을 좋아합니다.
② 완은 눈을 좋아합니다.
③ 완은 등산을 좋아합니다.
④ 완은 겨울을 좋아합니다.

2 질문에 답하세요.

① 완은 무슨 계절을 좋아해요?

____

② 완은 겨울이 오면 무엇을 하고 싶어 해요?

____

③ 민아는 무슨 계절을 좋아해요?

____

④ 민아는 눈이 오면 어때요?

____

읽기와 쓰기

연습 1 글을 읽고 질문에 답하세요.

한국에는 봄, 여름, 가을, 겨울, 사계절이 있어요. 봄은 보통 3월부터 5월까지예요. 날씨가 따뜻해요. 꽃이 많이 피어서 사람들이 꽃구경을 해요. 그리고 날씨가 좋으면 공원으로 소풍을 가요.

여름은 보통 6월부터 8월까지예요. 여름에는 날씨가 더워요. 여름에 회사원은 휴가를 가고 학생들은 방학이 있어요. 사람들이 바다에 가서 수영을 해요. 그리고 너무 더우면 선풍기와 에어컨을 켜요. 그러면 시원해요. 한국 사람들은 여름에 수박과 팥빙수를 자주 먹어요.

가을은 보통 9월부터 11월까지예요. 가을은 날씨가 쌀쌀해서 단풍이 들어요. 그러면 사람들은 산에 단풍 구경을 가요. 그래서 가을에는 산에 사람이 아주 많아요. 겨울이 오기 전에 낙엽이 떨어져요. 단풍을 보고 싶으면 너무 늦게 가지 마세요.

겨울은 보통 12월부터 2월까지예요. 날씨가 많이 춥고 눈이 와요. 눈이 오면 사람들이 눈사람도 만들고 눈싸움도 해요. 그리고 스키와 스케이트도 많이 타요.

1 맞는 것에 ◯ 하세요.

① 한국에는 사계절이 있어요.
② 한국은 7월에 날씨가 시원해요.
③ 한국은 8월에 낙엽이 떨어져요.
④ 한국에서는 1월에 눈을 볼 수 없어요.

2 질문에 답하세요.

① 사람들은 보통 봄에 무엇을 해요?
② 사람들은 여름에 무슨 음식을 자주 먹어요?
③ 사람들은 가을에 왜 산에 가요?
④ 사람들은 겨울에 무슨 운동을 해요?

연습 2 여러분 나라의 계절에 대해 쓰세요.

- 여러분의 나라에는 일 년에 계절이 몇 개 있어요?
- 각각의 계절은 날씨가 어때요? 사람들이 무엇을 많이 해요?
- 어느 계절에 여러분 나라에 가면 좋아요? 무엇을 하면 좋아요?

영상을 보고 한국의 날씨와 계절에 대해 더 알아보세요!

한국 이야기

날씨와 계절이 주는 감성

한국인은 날씨에 대해 굉장히 감성적이에요. 어떤 날씨는 특정한 것을 생각나게 해요. 예를 들어 비는 항상 지글거리는 부침개(전), 막걸리와 함께 연관 지어져요. 또 첫눈이 오면 한국인은 사랑하는 사람과 키스해야 한다고 해요. 로맨틱하지 않나요?

계절에 대해 말하자면, 한국인은 항상 꽃을 생각해요. 한국인은 특정한 계절에 피는 꽃을 찾아요. 봄엔 잠실 석촌호수, 여의도 한강공원, 남부 지역의 하동과 김해에서 벚꽃과 개나리 보는 것을 즐겨요. 한국 벚꽃 품종이 따로 있다는 걸 알고 있나요? 여름은 해바라기와 무궁화의 계절이에요. 봄만큼 특별한 꽃구경 행사가 있는 건 아니지만, 한국 사람들은 산과 들로 모여 꽃과 함께 사진을 찍어요. 가을엔 아름다운 단풍과 함께 코스모스와 국화를 찾아봐요. 단풍 구경을 하는 인기 있는 장소로는 설악산, 내장산, 화담숲이 있어요. 그리고 겨울에 내리는 눈에도 불구하고 제주도에 가게 된다면, 동백꽃을 볼 수 있을 거예요.

14

SCAN FOR AUDIO

주요 표현

내일 시험이 끝난 후에 같이 놀이공원에 갈까요?

문법

동 -ㄹ/을까요?

동 -ㅂ/읍시다, 동 -지 맙시다

형 동 -(으)니까, 명 (이)니까

한국 이야기

한국 테마파크

〔놀이공원〕

놀이공원

놀이 기구

동물원

워터파크

정원

안내소

분실물 센터

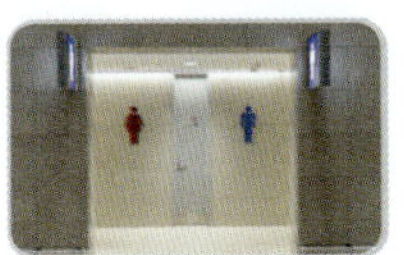
화장실

퍼레이드

셔틀버스/순환 버스

보관함

이용권

들어가는 곳/입구

나가는 곳/출구

할인

기념품

〔약속〕

약속

약속(을) 하다

약속이 있다

약속이 없다

약속 시간

약속 장소

(약속을) 취소하다

(약속을) 미루다

(약속 시간을) 바꾸다

(약속에) 늦다

약속을 지키다

(약속을) 정하다

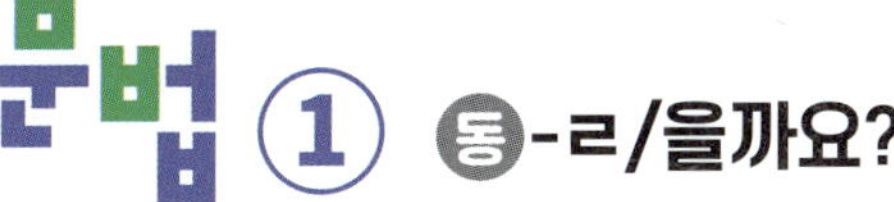  **동 -ㄹ/을까요?** 

SCAN FOR VIDEO

수업 끝나고 같이 운동할까요?
우리 내일 수영장에서 수영할까요?
이번 주말에 같이 음식을 만들까요?

	-ㄹ까요?		-을까요?
보다	볼까요?	먹다	먹을까요?
사다		씻다	
만나다		찾다	
돕다		걷다	
만들다		듣다	

가: 내일 우리 같이 콘서트장에 갈까요?
나: 네, 좋아요. 같이 가요.

가: 점심에 비빔밥을 먹을까요?
나: 네, 저도 먹고 싶어요.

-ㄹ/을까요?는 동사 뒤에 결합하여 어떤 행동에 대한 듣는 사람의 의견을 묻기 위해 사용됩니다. 질문할 때만 사용하고 대답할 때는 사용하지 않습니다. 대부분의 경우 '우리', '같이'와 함께 쓰입니다.

연습 1 문장을 만드세요.

1 같이 도서관에 가다 → 같이 도서관에 갈까요?

2 내일 홍대에서 만나다 → _______________________

3 지금 점심을 먹다 → _______________________

4 주말에 등산을 하다 → _______________________

연습 2 문장을 완성하세요.

1 가: 유나 씨, 오늘 같이 저녁 먹을까요?
  나: 미안해요. 오늘 약속이 있어서 같이 저녁 못 먹어요.

2 가: 로안 씨, _______________________
  나: 네, 좋아요. 같이 수영을 배워요.

3 가: 민수 씨, 배 안 고파요? 우리 언제 점심 먹어요?
  나: 그럼 우리 지금 _______________________

4 가: 지윤 씨, _______________________
  나: 네, 좋아요. 내일 같이 크리스 씨 생일 파티에 가요.

SCAN FOR VIDEO

목요일로 약속을 잡읍시다.
놀이공원 안에서 밥을 사지 맙시다. 밥이 비쌉니다.
오후에 회의를 합시다.
오늘 운동을 하지 맙시다.

	-ㅂ시다	-읍시다	
보다	봅시다	찾다	
보내다		입다	
사다		듣다	
쓰다		만들다	

가: 언제 회의를 할까요?
나: 2시에 합시다.

가: 지금 표를 살까요?
나: 아니요. 지금 사지 맙시다. 내일 삽시다.

-ㅂ/읍시다는 동사의 끝에 결합하여 듣는 사람에게 어떤 행동을 함께 하자고 말할 때 사용합니다.
-지 맙시다는 금지를 뜻하는 표현으로 사용되며, 연설이나 회의 등의 격식적인 자리에서 사용합니다.

연습 1 그림을 보고 문장을 완성하세요.

1

내일 우리 집에서 같이 축구를 ___봅시다.___
(보다)

2

이번 주말에 같이 유진 씨 집에 ___________
(가다)

3

오늘 저녁에 라면을 ___________
(먹다)

4

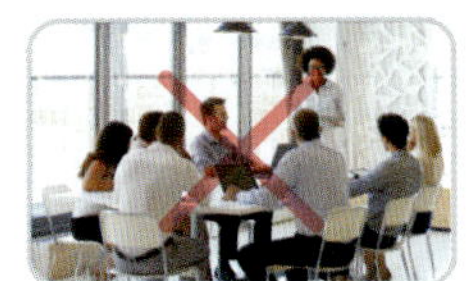

여러분, 우리 지금 ___________
(회의를 하다)

연습 2 문장을 완성하세요.

1 가: 우리 언제 운동하러 가요?
　　나: 지금 운동하러 ___갑시다.___ (가다)

2 가: 오늘 저녁에 같이 ___________ (식사를 하다)
　　나: 네 좋습니다.

3 가: 밥을 먹은 후에 잠깐 ___________ (걷다)
　　나: 좋아요. 동네 공원에서 산책할까요?

4 가: 이 영화를 볼까요?
　　나: 이 영화는 재미없어요. ___________ (보다 X)

가: 몇 시까지 여기로 와요?
나: 오후 6시에 버스가 출발하니까 5시에 만날까요?

가: 이번 주 금요일은 놀이공원이 문을 닫으니까 토요일에 갈까요?
나: 출근 시간에는 사람들이 많으니까 조금 늦게 출발합시다.

> -(으)니까는 형용사나 동사에 결합하여 다른 사람에게 제안하는 이유을 말할 때 사용합니다. (이)니까는 명사 뒤에 붙여 사용합니다. 이유를 제시한다는 점에서 '-아/어/해서'와 비슷하지만, -(으)니까만 과거형으로 쓰일 수 있습니다. 주로 '-ㅂ/읍시다', '-ㄹ/을까요'와 함께 사용되어 청유문, 명령문을 만듭니다.

연습 1 표를 완성하세요.

-(으)니까				(이)니까	
가다	가니까	살다		친구	
싸다		걷다		도시	
씻다		힘들다		학생	학생이니까
좋다		춥다		회사원	

연습 2 맞는 것에 ◯ 하세요.

1 내일 시험(이니까 / 이라서) 같이 도서관에 갑시다.

2 오늘 날씨가 (좋으니까 / 좋아서) 공원에 갈까요?

3 어제 숙제를 (도와주니까 / 도와줘서) 고마워요.

4 시간이 (없으니까 / 없어서) 이 식당에서 빨리 먹읍시다.

연습 3 문장을 완성하세요.

1 오늘 제가 좀 _피곤하니까_ 다음에 만납시다. (피곤하다)

2 음식이 ___________ 조금 더 만듭시다. (적다)

3 영화가 ___________ 보지 맙시다. (재미없다)

4 길이 많이 ___________ 지하철을 탈까요? (막히다)

1 놀이 기구가 재미있다, 같이 타다
→ 놀이 기구가 재미있으니까 같이 탑시다. (-ㅂ/읍시다)

2 내일 고향에 가다, 오늘 만나다
→ (-ㄹ/을까요?)

3 지금 바쁘다, 다음에 전화하다
→ (-ㅂ/읍시다)

4 민아 씨는 고기를 안 먹다, 비빔밥을 먹다
→ (-ㄹ/을까요?)

연습 **5** 그림을 보고 문장을 만드세요.

1  (영화가 시작하다)

영화가 시작하니까 휴대폰을 끕시다.

2  (비가 오다)

3 (날씨가 덥다)

4 (배가 고프다)

연습 **6** 문장을 완성하세요.

1 아까 사진을 못 찍었으니까 지금 찍을까요? (아까, 사진, 못 찍었다)

2 한번 해 보세요. (인터넷 예약, 쉽다)

3 택시를 탑시다. (버스, 안 오다)

4 같이 밥을 먹읍시다. (내일, 월급, 받다)

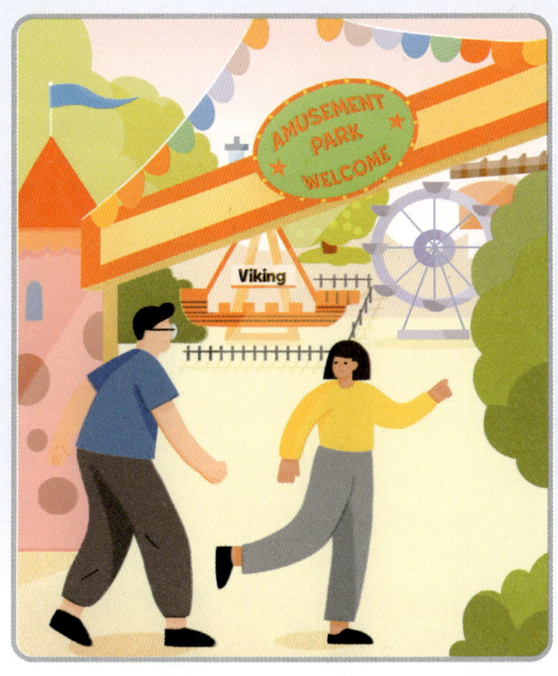

완: 신이 씨, 내일 시험이 끝나죠? 뭐 할 거예요?

신이: 아직 계획이 없어요.

완: 그래요? 그럼 내일 시험이 끝난 후에 같이 놀이공원에 **갈까요**? 에버랜드 어때요?

신이: 에버랜드요?

완: 네, 놀이 기구도 많고 재미있어서 인기가 많아요.

신이: 정말요? 저도 계속 놀이공원에 가고 싶었어요.

완: 그럼 내일 같이 **갑시다**.

신이: 좋아요. 내일 몇 시에 출발**할까요**?

완: 내일 오후 1시에 시험이 끝나**니까** 2시에 만**납시다**. 어디에서 만**날까요**?

신이: 빨리 가고 싶**으니까** 내일 오후 1시 반에 어학당 1층에서 만나요.

완: 좋아요. 내일이 정말 기대돼요.

신이: 저도요. 빨리 시험이 끝나서 에버랜드에 가고 싶어요.

연습 1 대화문에 대해 답하세요.

1 내일 두 사람은 어디에 갈 거예요?

2 두 사람은 내일 어디에서 만나요?

3 내일 몇 시에 에버랜드로 출발해요?

연습 2 여러분에 대해 답하세요.

1 놀이공원에 가 봤어요?

2 거기는 어땠어요? 놀이 기구를 잘 탈 수 있어요?

3 어느 놀이공원에 가 보고 싶어요? 왜요?

말하기

 연습 1 친구와 묻고 답하세요.

보기

가: 카페에서 공부할까요?

나: 네, 좋아요. 같이 공부합시다.

단어

1 북한산, 등산하다
2 다음달, 케이팝 콘서트에 가다
3 점심, 돈까스를 먹다
4 여기, 회사, 지하철을 타고 가다

 연습 2 그림을 보고 친구와 묻고 답하세요.

보기

가: 이번 모임은 어디에서 할까요?

나: 카페가 늦게까지 여 니까 카페 에서 합시다.

1 학교, 가깝다

2 회사 앞 식당, 음식이 맛있다

3 집 근처 커피숍, 조용하다

4 아파트 공원, 넓다

 연습 3 친구와 묻고 답하세요.

보기

가: 다음 주 일요일 에 롯데월드 에 갈까요?

나: 네, 좋아요. 어디에서 만날까요? 잠실역 에서 만날까요?

가: 네, 잠실역 에서 만나요. 몇 시에 만날까요?

나: 오전 10시 어때요?

가: 좋아요. 그럼 다음 주 일요일 오전 10시에 잠실역 에서 만나요.

나: 네, 일요일 에 만나요.

1 워터파크
- 언제: 토요일
- 약속 장소: 집 앞 카페
- 약속 시간: 아침 8시 반

2 서울 동물원
- 언제: 이번 주 금요일
- 약속 장소: 학교 앞
- 약속 시간: 오후 2시

3 한글 박물관
- 언제: 내일 오후
- 약속 장소: 편의점 앞
- 약속 시간: 12시

> **받침 ㅂ 뒤 자음**
> 받침 ㅂ 뒤에 'ㄱ, ㄷ, ㅅ, ㅈ'이 나오면, 된소리로 발음되어 [ㄲ, ㄸ, ㅆ, ㅉ] 소리가 납니다.
>
> 갑시다 [갑씨다]   덥고 [덥꼬]   입장 [입짱]
> 입지 [입찌]   춥다 [춥따]   밥상 [밥쌍]

연습 1 단어를 듣고 따라 하세요.

1 입장권 [입짱꿘]　　2 잡지 [잡찌]

3 잡상인 [잡쌍인]　　4 줍고 [줍꼬]

연습 2 문장을 듣고 따라 하세요.

1 우리는 다음 기차를 <u>탑시다</u>.
　　　　　　　[탑씨다]

2 1월에는 겨울옷을 <u>입고</u> 나가세요.
　　　　　　[입꼬]

3 이번 시험은 말하기가 <u>어렵습니다</u>.
　　　　　　　　[어렵씀니다]

4 오늘은 날씨가 <u>덥다</u>.
　　　　　　[덥따]

연습 3 따라 읽으세요.

> 더운 날에 덥지 않게 옷을 입고 밖에 나갑니다. 두꺼운 옷을 입고 나가면 덥고 땀이 납니다.
> 추운 날에 춥지 않게 옷을 입고 밖에 나갑니다. 얇은 옷을 입고 나가면 많이 춥습니다.
> 덥지 않고 춥지 않으려면 옷을 잘 입고 밖에 나가야 합니다.

> 나가다　　두껍다　　얇다

듣기 

연습 1 대화를 듣고 답하세요.

1 어디에서 만납니까?

①  ② ③  ④ 

2 질문에 답하세요.

① 두 사람은 시청역에서 몇 시에 만나요? ____________________

② 두 사람은 어떻게 놀이공원까지 가요? ____________________

③ 두 사람은 오늘 무엇을 할 거예요? ____________________

연습 2 대화를 듣고 답하세요.

1 맞는 것에 ◯, 틀린 것에 ✕ 하세요.

① 두 사람은 지금 놀이공원에 있습니다. (   )
② 신이는 가방이 불편합니다. (   )
③ 보관함은 화장실 뒤에 있습니다. (   )
④ 두 사람은 보관함에 가방을 넣었습니다. (   )

2 질문에 답하세요.

① 놀이공원에 왜 사람이 많아요?

____

② 다음에 놀이공원에 오면 무엇을 먼저 할 거예요?

____

③ 왜 보관함을 찾았어요?

____

연습 1 **글을 읽고 질문에 답하세요.**

> 저는 크리스입니다. 작년에 한국에 왔습니다. 저는 놀이공원을 정말 좋아합니다. 한국에는 롯데월드와 에버랜드가 있습니다. 롯데월드보다 에버랜드가 더 큽니다. 롯데월드는 서울에 있고 에버랜드는 용인에 있습니다. 에버랜드에는 동물원도 있고 놀이 기구도 많습니다. 지난달에는 친구하고 에버랜드에 다녀왔습니다. 에버랜드의 놀이 기구는 고향의 놀이 기구와 비슷했습니다. 하지만 한국에서 처음 놀이 기구를 타서 즐거웠습니다. 퍼레이드도 구경하고 간식도 많이 먹었습니다. 집에 가기 전에 기념품 가게에서 기념품도 샀습니다. 에버랜드 이용권이 비쌌지만 정말 재미있었습니다.
>
> 오늘은 친구하고 오션월드에 갑니다. 오션월드는 워터파크입니다. 여기에도 놀이 기구가 있어서 많이 기대됩니다. 제가 에버랜드에서 잘 놀아서 친구가 여기를 추천했습니다. 이곳에 가서 놀이 기구도 타고 수영도 할 겁니다. 특히 놀이 기구를 좋아하니까 친구하고 함께 타려고 합니다. 그리고 여기에서 여러 가지 간식을 팝니다. 재미있게 놀고 간식도 많이 먹을 겁니다.

1 **틀린 것에 ◯ 하세요.**

① 크리스는 오늘 워터파크에 갑니다.

② 크리스는 작년에 오션월드에 갔습니다.

③ 워터파크에는 놀이 기구가 있습니다.

④ 크리스는 에버랜드에서 간식을 많이 먹었습니다.

2 **질문에 답하세요.**

① 크리스는 지난달에 누구하고 어디에 갔어요?

② 에버랜드는 어디에 있어요?

③ 크리스는 오늘 어디에 가요?

④ 크리스는 오늘 무엇을 할 거예요?

연습 2 **여러분에 대해 쓰세요.**

- 그곳의 이름은 무엇입니까?
- 그곳에는 무엇이 있습니까?
- 그곳에서 무엇을 할 수 있습니까?
- 그것은 어떻습니까? 무엇을 제일 좋아합니까?

한국 이야기

한국 테마파크

한국 사람들은 테마파크를 좋아해요. 많은 사람이 중고등학생 때 친구들과 함께 테마파크에 놀러 갔던 기억이 있어요. 테마파크는 첫 데이트나 어린이를 위한 장소로 인기가 많아요. 그래서 어른이 가면 어린 사람들만큼 즐기지 못할 수도 있어요.

한국엔 몇 개의 테마파크가 있어요. 가장 유명한 곳은 서울 잠실과 부산에 있는 롯데월드이고, 가장 큰 곳은 경기도 용인에 있는 에버랜드예요. 에버랜드 옆엔 캐리비안베이라는 워터파크가 있어 더 인기가 많아요.

서울 바로 옆, 경기도 과천에 있는 서울랜드나 강원도 춘천에 있는 레고랜드같이 작은 테마파크도 전국 여기저기에 있어요. 한국 전국엔 15개가 넘는 테마파크가 있어요.

15

SCAN FOR AUDIO

주요 표현

한국 음식 중에서 닭갈비를 잘 드세요.

문법

형 동 -(으)세요 ② , 명 (이)세요

형 -ㄴ/은데, 동 -는데, 명 인데

명 중에(서), 명 에서

한국 이야기

높임말

[회사 사람]

사원	주임	대리	과장	차장	부장	이사	상무	사장, 대표

사장님

부장님

팀원

동료

선배

후배

아르바이트생/알바생

손님/고객

[높임말]

(친구가) 먹다

(어머니가) 드시다/
잡수(시)다

(동생이) 자다

(할머니가)
주무시다

(언니가) 말하다

(사장님이)
말씀하시다

(동료가 집에) 있다

(할아버지가 집에)
계시다

(친구한테 선물을) 주다

(할머니께 선물을)
드리다

사람/명

분

(친구의) 생일

(할아버지의) 생신

(제) 이름

(고객님의) 성함

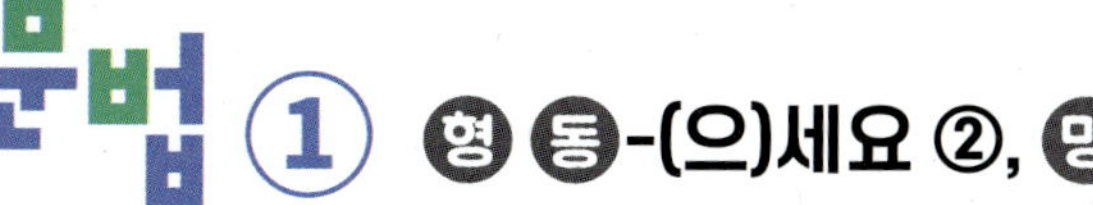 ① 형 동 -(으)세요 ②, 명 (이)세요  

친구가 요리해요.	할아버지와 할머니가 요리하세요.
가: 선생님은 무슨 음식을 좋아하세요? 나: 저는 비빔밥을 좋아해요.	가: 사장님, 지금 어디에 계세요? 나: 지금 회사 앞 식당에 있어요.

-(으)세요는 주어의 동작이나 상태를 높여서 말할 때 사용합니다. 형용사나 동사에 붙어 높임의 대상인 주어의 동작이나 상태를 서술합니다. 격식있는 대화에서는 '-(으)십니다'를 사용하고 비격식 상황에서는 -(으)세요를 사용합니다. '먹다/마시다, 자다, 말하다, 있다'의 경우 '드시다, 주무시다, 말씀하시다, 계시다'를 사용합니다.

연습 1 표를 완성하세요.

	-(으)세요	-(으)셨어요	-(으)실 거예요		(이)세요
사다	사세요			주부	주부세요
주다					
배우다				사장님	
쓰다		쓰셨어요			
입다			입으실 거예요	요리사	
(명이/가) 있다					
(명이/가) 없다				회사원	
듣다					
걷다				선생님	
만들다					
있다				회사원	
없다	안 계세요				
먹다				어디	
마시다	드세요/잡수세요				
자다				누구	
말하다					

1 아버지는 키가 크다

아버지는 키가
크세요.

2 할머니는 빵을 안 먹다

3 부장님은 자전거로 출근하다

4 부모님이 다음 주에 한국에 오다

연습 **3** 문장을 완성하세요.

1 여동생이 케이크를 좋아합니다. → 어머니가 케이크를 좋아하십니다.

2 제 남자 친구는 아주 친절해요. → 제 남자 친구의 어머니는 ______

3 친구는 부산에 삽니다. → 친구의 할머니는 ______

4 제 동료는 지금 회의해요. → 저희 부장님은 ______

연습 **4** 맞는 것에 ◯ 하세요.

제 이름은 루카 **1** (⟨예요⟩ / 세요). 저는 지금 한국 회사에 **2** (다녀요 / 다니세요).
우리 회사는 강남역 근처에 **3** (있어요 / 계세요). 제 동료들이 모두 **4** (친절해요 /
친절하세요). 그리고 사장님은 정말 **5** (멋있어요 / 멋있으세요). 저는 지난달에
사장님과 자주 식사를 **6** (했어요 / 하셨어요). 그렇지만 요즘 우리 사장님이 많이
7 (바빠요 / 바쁘세요). 출장도 **8** (많아요 / 많으세요). 사장님이 시간이 **9** (없으세요 /
안 계세요★). 다음에 또 사장님과 같이 밥을 **10** (먹고 / 드시고) 싶어요.

연습 **5** 문장을 완성하세요.

1 무슨 음식을 좋아하세요? (좋아하다)

2 어느 나라에서 ______ (오다)

3 부모님은 지금 어디에 ______ (있다)

4 이번 주말에 약속이 ______ (있다)

> ★ 도와줘요, 메리!
>
> **있으세요/없으세요 vs 계세요/안 계세요**
>
> 나이가 많거나 높은 직급을 가진 사람이
> 가진 것에 대해 말할 때, **있으세요/
> 없으세요**를 사용하세요.
> 나이가 많거나 높은 직급을 가진 사람에
> 대해 말할 때, **계세요/안
> 계세요**를 사용하세요.

크다 ▶ 큰데	작다 ▶ 작은데	사다 ▶ 사는데	읽다 ▶ 읽는데	쉽다 ▶ 쉬운데

가: 부모님께서 운동을 좋아하세요?
나: 어머니는 좋아하시는데 아버지는 안 좋아하세요.

가: 왜 숙제를 안 했어요?
나: 숙제를 다 했는데 안 가지고 왔어요.

-ㄴ/은데, -는데는 형용사나 동사에 결합하고, 인데는 명사에 결합하여 두 문장을 대조하거나 두 문장 간의 차이를 보여줍니다. 보통 두 번째 절이 강조되는 정보입니다. '있다/없다'는 '있는데/없는데'로 활용되고, 과거형은 '-았/었/했는데'를 사용합니다.

연습 1 표를 완성하세요.

	-ㄴ/은데	-았/었는데		-는데	-았/었/했는데
작다	작은데		찾다		
사다			쉬다	쉬는데	
길다			먹다		
덥다			청소하다		청소했는데
맛있다	맛있는데		만들다		
맛없다			자르다		

연습 2 문장을 완성하세요.

1 제 동료는 집에서 회사까지 _가까운데_ 매일 지각해요. (가깝다)

2 저는 일요일은 ＿＿＿＿＿＿＿＿ 토요일은 일해요. (쉬다)

3 제 방은 ＿＿＿＿＿＿＿＿ 동생 방은 더러워요. (깨끗하다)

4 그 사람은 ＿＿＿＿＿＿＿＿ 노래를 못해요. (가수)

연습 3 문장을 만드세요.

1 고향에 산은 있다, 바다가 없다 ＿＿ 고향에 산은 있는데 바다가 없어요. ＿＿

2 어제는 비가 왔다, 오늘은 날씨가 맑다 ＿＿＿＿＿＿＿＿＿＿＿＿＿

3 한국어 듣기는 쉽다, 말하기는 어렵다 ＿＿＿＿＿＿＿＿＿＿＿＿＿

 **③ 명 중에(서), 명 에서**  Track 124

영화 중에서 액션 영화를 좋아해요.	집안일 중에 청소가 제일 힘들어요.	에베레스트산이 세계에서 가장 높아요.

중에(서)는 두 개 이상 대상 가운데 하나를 골라 말할 때 사용하는 표현입니다. 부사 '가장'과 '제일'이 자주 함께 쓰입니다. 근처, 학교, 회사, 세계 등 큰 개념의 장소를 의미하는 명사에는 중에(서) 대신 에서를 사용합니다.

연습 1 문장을 완성하세요.

1 가: 누가 한국어를 가장 잘해요?
　　나: <u>친구 중에서</u> 켈리가 한국어를 가장 잘해요. (친구)

2 가: ＿＿＿＿＿＿＿＿＿ 뭘 좋아해요? (한국 음식)
　　나: 저는 찜닭을 제일 좋아해요.

3 가: ＿＿＿＿＿＿＿＿＿ 뭐가 가장 달아요? (과일)
　　나: 딸기가 가장 달아요.

4 가: 누가 제일 키가 커요?
　　나: ＿＿＿＿＿＿＿＿＿ 크리스가 제일 커요. (동료)

연습 2 문장을 만드세요.

1 저, 친구, 완, 제일, 재미있다　→　<u>제 친구 중에서 완이 제일 재미있어요.</u>

2 저, 물건, 컴퓨터, 가장, 비싸다　→　＿＿＿＿＿＿＿＿＿＿＿

3 한국 음식, 닭갈비, 가장, 맵다　→　＿＿＿＿＿＿＿＿＿＿＿

4 영화, 코미디 영화, 자주, 보다　→　＿＿＿＿＿＿＿＿＿＿＿

5 계절, 여름, 제일, 좋아하다　→　＿＿＿＿＿＿＿＿＿＿＿

연습 3 질문에 답하세요.

1 친구 중에서 누가 제일 친절해요?　＿＿＿＿＿＿＿＿＿＿＿

2 세계의 건물 중에서 어디가 제일 높아요?　＿＿＿＿＿＿＿＿＿＿＿

3 영화 배우 중에 누구를 제일 좋아해요?　＿＿＿＿＿＿＿＿＿＿＿

4 한국 음식 중에 뭘 가장 좋아해요?　＿＿＿＿＿＿＿＿＿＿＿

5 영어하고 한국어 중에서 뭐가 더 쉬워요?　＿＿＿＿＿＿＿＿＿＿＿

대화문

완: 켈리 씨, 안녕하세요? 바쁘세요?

켈리: 아니요, 지금 괜찮아요. 무슨 일이에요?

완: 다음 주에 우리 부모님이 한국에 오실 거예요. 부모님과 어디에 가면 좋아요?

켈리: 완 씨 부모님은 한국을 좋아하세요?

완: 네, 아주 좋아하세요. 한국 음식 중에서 닭갈비를 가장 잘 드세요.

켈리: 그래요? 맵지 않아요?

완: 매운데 맛있어요. 그래서 자주 드세요. 그리고 한국 드라마도 자주 보세요.

켈리: 한국에서 뭐 하고 싶어요?

완: 제 고향에는 바다는 많은데 호수가 없어요. 그래서 호수에 가고 싶어요.

켈리: 그럼 춘천을 추천하고 싶어요. 춘천은 닭갈비가 유명하고 호수도 있어요. 그리고 드라마 촬영지도 있어요.

완: 정말요? 저는 아직 춘천에 안 가 봤어요. 부모님도 좋아하실 거예요.

연습 1 대화문에 대해 답하세요.

1 완의 부모님은 무엇을 잘 드세요?

2 완은 다음 주에 부모님과 어디에 갈 거예요?

3 완은 거기에서 무엇을 할 거예요?

연습 2 여러분에 대해 답하세요.

1 여러분의 부모님은 한국의 음식과 문화에 관심이 있으세요?

2 여러분은 부모님이 한국에 오시면 어디에 가고 싶어요?

3 한국 음식 중에서 부모님과 무엇을 같이 먹고 싶어요?

말하기 ······················▶

1 친구와 묻고 답하세요.

보기

가: 안녕하세요? 처음 뵙겠습니다.
　　저는 ______ (이)라고 합니다.

나: 안녕하세요? 저는 ______ 입니다.

가: ______ 씨는 어느 나라에서 오셨어요?

나: 저는 ______ 에서 왔어요.

가: 지금 어디에 사세요?

나: 저는 부산에 살아요.

가: ______ 씨는 한국 도시 중에서
　　어디 를 좋아하세요?

나: 저는 속초를 좋아해요.

단어

1 가: 어디에 살다 / 한국 음식 / 뭐 / 좋아하다
　　나: 강남에 살다 / 떡볶이 / 좋아하다

2 가: 무슨 일을 하다 / 영화 / 뭐 / 자주 보다
　　나: 번역을 하다 / 액션 영화 / 자주 보다

3 가: 어느 회사를 다니다 / 계절 / 언제 / 좋아하다
　　나: 컴퓨터 회사를 다니다 / 가을 / 좋아하다

2 한국이 여러분의 고향과 어떻게 다릅니까? 친구와 묻고 답하세요.

보기

가: 물건의 가격 이/가 어때요?

나: 고향은 과일이 싼데 한국은 비싸요.

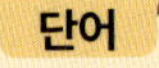

1 날씨	2 사람들	3 음식
4 산	5 바다	6 대중교통

3 하단 사람을 설명하세요.

보기

우리 할머니 은/는 영화 을/를 좋아하세요.
파스타 을/를 자주 드세요. 우리 할머니는 키가
크세요. 우리 할머니는 요리를 잘 하세요.

단어

좋아하다, 싫어하다, 먹다, 마시다,
예쁘다, 멋있다, 키가 크다/작다,
일어나다, 자다, 잘하다, 못하다

1 부모님	2 아르바이트 사장님	3 부장님

발음

ㄱ, ㄷ, ㅂ → ㅇ, ㄴ, ㅁ

받침 [ㄱ, ㄷ, ㅂ] 소리 뒤에 'ㄴ, ㅁ'이 오면 [ㅇ, ㄴ, ㅁ]로 발음합니다.

먹물 [멍물]　　　　　밥만 [밤만]　　　　　있는데 → 읻는데 [인는데]

연습 1　듣고 따라 하세요.

1　라면 국물 [라면 궁물]　　　　2　맞는 답 → 맏는 답 [만는 답]

3　앞마당 → 압마당 [암마당]　　　4　흙먼지 → 흑먼지 [흥먼지]

5　꽃잎 → 꼳입 [꼰닙]

연습 2　문장을 듣고 따라 하세요.

1　책을 <u>읽는데</u> 불이 꺼졌어요.
　　[잉는데]

2　어제 제가 집에 <u>없었는데</u> 친구가 왔어요.
　　[업썬는데]

3　길을 <u>걷는데</u> 갑자기 눈이 왔어요.
　　[건는데]

4　그릇을 계속 <u>씻는데</u> 안 깨끗해요.
　　[씬는데]

연습 3　따라 읽으세요.

저는 국물 요리를 좋아합니다. 국물 요리 중에서 라면을 제일 좋아합니다.
동생은 면을 먹는데 저는 국물을 먹습니다.
그리고 떡볶이도 좋아합니다. 떡볶이를 먹으면 떡만 먹습니다.
저는 떡만 먹고 동생은 어묵만 먹습니다.

국물　　요리　　라면　　제일　　떡볶이　　떡　　어묵

듣기

연습 1 대화를 듣고 답하세요.

1 어디에 있습니까?

①  ②  ③  ④ 

2 질문에 답하세요.

① 켈리는 공원에 왜 갔어요?

② 과장님은 언제 산책을 하세요?

③ 회사 근처에 무엇이 많이 있어요?

연습 2 대화를 듣고 답하세요.

1 맞는 것에 ◯, 틀린 것에 ✕ 하세요.

① 사장님은 오늘 병원에 가십니다. （   ）

② 주영은 사나의 아르바이트 선배입니다. （   ）

③ 사나는 몸이 아픈데 사장님을 만나러 갔습니다. （   ）

④ 주영은 오늘 시간이 있어서 사나를 도와줄 겁니다. （   ）

2 질문에 답하세요.

① 사나는 사장님에게 왜 전화했어요?

② 사나는 오늘 왜 아르바이트에 갈 수 없어요?

③ 사나는 오늘 무엇을 할 거예요?

읽기와 쓰기

 글을 읽고 질문에 답하세요.

> 저는 완입니다. 저는 4개월 전에 한국에 왔습니다. 지금 어학당에서 한국어를 배웁니다. 처음에는 한국 생활이 많이 힘들었는데 지금은 괜찮습니다. 전에는 한국 음식이 매워서 못 먹었는데 지금은 잘 먹습니다. 그래서 요즘 한국 식당에도 자주 갑니다. 저는 한국 음식 중에서 비빔밥을 자주 먹습니다.
>
> 다음 주에 우리 부모님이 한국에 오십니다. 저는 4개월 동안 부모님을 못 만났습니다. 태국과 한국은 시차가 있어서 자주 전화하지 못했습니다. 그래서 부모님은 항상 저를 걱정하십니다.
>
> 우리 부모님은 태국에서 식당을 하십니다. 한국 음식을 좋아하시고 한국 문화에도 관심이 많으십니다. 그래서 부모님이 오시면 한국 식당에 많이 가려고 합니다.
>
> 제 친구 켈리 씨가 춘천을 추천했습니다. 부모님과 함께 춘천에서 닭갈비를 먹고 호수도 구경할 겁니다. 정말 기대됩니다.

1 맞는 것에 ○ 하세요.

① 완은 켈리와 같이 춘천에 갈 겁니다.

② 완은 다음 주에 부모님을 만날 겁니다.

③ 완의 부모님은 4개월 전에 한국에 오셨습니다.

④ 완의 부모님은 음식 중에서 일식을 제일 좋아하십니다.

2 질문에 답하세요.

① 완은 한국에서 무엇을 해요?

② 완의 부모님은 태국에서 무슨 일을 하세요?

③ 완은 부모님이 한국에 오면 무엇을 할 거예요?

 여러분에 대해 쓰세요.

- 부모님은 어디에 사십니까?
- 부모님은 무슨 일을 하십니까?
- 부모님은 무엇을 좋아하십니까?

- 여러분은 선배가 있습니까?
- 그 선배를 어디에서 만났습니까?
- 그 선배는 무엇을 좋아합니까?

한국 이야기

높임말

한국에서는 항상 더 공손하고 정중하게 말하는 것이 너무 편하게 말하는 것보다 나아요. 여러분이 "먹었습니다"나 "휴지 주시겠습니까?"라고 하면 친구들이 놀리겠지만, 최소한 무례하다고 하진 못해요. '-ㅂ/습니다'가 너무 정중한 표현이기 때문에, 보통 말할 땐 '-아/어/해/세요'를 쓰는 게 일반적이에요.

또 사람들이 '당신'이나 '너'라는 단어를 쓰지 않는다는 것을 알게 될 거예요. 이 단어는 한국에서 굉장히 무례하다고 여겨져요. 이름만 부르는 것도 너무 격식 없게 보일 때가 있어요. 가장 좋은 방법은 호칭을 사용하는 것으로, 그들과 직접 대화할 때도 삼인칭을 사용하는 방법이에요. '형, 누나, 언니, 오빠, 선생님, 과장님, 사장님' 등의 가족, 사회적 호칭이 있어요. 다음의 방법으로 호칭을 정할 수 있어요.

여러분보다 15살 이상 많은 사람에겐 '선생님'이나 '사장님'이라는 호칭을, 꽤 가까운 사이라면 '이모님' 혹은 '삼촌'이라는 호칭을 사용하세요. 여러분의 부모님과 나이가 비슷한 사람에게는 같은 호칭이나 '아버님, 어머님'이라고 할 수도 있어요. 조부모님과 비슷한 나이로 보인다면, '할머니, 할아버지, 어르신, 선생님' 호칭을 사용하세요. 친구의 부모님을 만난다면, '어머님'이나 '아버님'이라는 호칭을 사용할 수 있어요. 아이가 있는 사람은 '(아이 이름) 엄마/어머니'라고 불릴 때도 많아요.

그 사람들이 일을 한다면, '과장님, 대리님' 등의 직급으로 부르세요. 최근엔 많은 회사가 현대화, 서구화하기 위해 직급을 없애고 있어요. 그래서 어떤 회사는 메리 님, 민지 님 같이 서로의 이름에 '님'을 붙여 불러요.

확실하지 않다면, 그 사람들에게 어떻게 부를지를 묻거나 한국 친구에게 어떻게 불러야 할지를 물어 볼 수 있어요.

연습 1 그림을 보고 질문에 답하세요.

1 봄 날씨가 어때요?   **2** 여름 날씨가 어때요?   **3** 가을 날씨가 어때요?   **4** 겨울 날씨가 어때요?

따뜻해요.

5 봄에 무엇을 해요?   **6** 여름에 무엇을 해요?   **7** 가을에 무엇을 해요?   **8** 겨울에 무엇을 해요?

소풍을 가요.

연습 2 문장을 완성하세요.

> ~~입학하다~~   바꾸다   싸우다   그치다

1 가: 루카 씨 동생은 지난달에 고등학교를 졸업했지요?
    나: 네, 그리고 다음 달에 대학교에 _입학해요._

2 가: 지금 비가 와요?
    나: 아니요, 조금 전에 ____________

3 가: 친구와 약속 시간을 정했어요? 몇 시에 만나요?
    나: 6시에 만나려고 했어요. 그런데 친구가 일이 많아서 7시로 ____________

4 가: 남자 친구와 화해했어요?
    나: 네, 화해했는데 아까 다시 ____________

연습 3 맞는 것에 ◯ 하세요.

사나 씨, 안녕하세요? 저 지훈이에요. 저는 이번 주에 시험이 **1** (끝날게요 / 끝날 거예요).
그래서 다음 주말에 크리스 씨와 놀이공원에 가려고 해요. 사나 씨도 같이 갈 수 있죠?
놀이공원 이용권이 조금 **2** (비싸고 / 비싸지만) 학생 할인을 받을 수 있어요. 크리스 씨와 저는
이태원에서 **3** (만나고 / 만나서) 같이 버스를 탈 거예요. 사나 씨도 이태원에 올 수 있어요?
사나 씨가 전화를 안 **4** (받아서 / 받으니까) 문자를 보내요. 이 문자를 보면 전화주세요.

지훈 씨, 미안해요. 도서관에 있어서 전화를 **5** (안 / 못) 받았어요. 저도 놀이공원에
가고 싶어요. 버스는 느리니까 우리는 지하철을 **6** (타요 / 탑시다). 저도 이태원에
갈 수 있어요. 제가 토요일 오전에 전화를 **7** (할게요 / 하세요).

-(으)세요   -지 마세요   ~~-(으)려고 하다~~   -아/어 보다   -아/어/해야 하다   -(으)러 가다

1 가: 완 씨, 주말에 계획이 있어요?
   나: 네, 저는 지난주에 이사해서 <u>집들이를 하려고 해요.</u> (집들이를 하다)

2 가: 민아 씨, 같이 케이크를 먹으러 갈까요?
   나: 미안해요. 내일 시험이 있어서 ______________________ (공부하다)

3 가: 신이 씨, 부산에 ______________________ (가다)
   나: 아니요, 아직 못 갔어요. 가 보고 싶어요.

4 가: 오늘 비가 오니까 우산을 ______________________ (가져가다)
   나: 네, 알겠어요.

5 가: 사나 씨, 내일은 수업에 ______________________ (늦다)
   나: 죄송합니다, 선생님. 내일은 늦지 않을게요.

6 가: 지금 어디에 가세요?
   나: 마트에 ______________________ (장을 보다)

연습 **5** 맞는 것에 ◯ 하세요.

1 가: 오늘 완 씨 집에서 파티를 해요. 빈 씨도 오세요.
   나: 미안해요. 제가 배가 아파서 ______________.

   ① 올 수 없어요   ② 갈 수 없어요   ③ 올 수 있어요   ④ 갈 수 있어요

2 가: ______________는 지금 어디에 계세요?
   나: 지금 방에서 주무세요.

   ① 할머니   ② 친구   ③ 동생   ④ 언니

3 가: 루카 씨는 춤을 잘 추세요?
   나: 아니요, 저는 춤은 못 ______________ 노래는 잘해요.

   ① 춰서   ② 추니까   ③ 추기 전에   ④ 추는데

4 가: 내일 같이 쇼핑하러 갈까요?
   나: 좋습니다. 쇼핑하러 ______________.

   ① 가세요   ② 갑시다   ③ 갈 거예요   ④ 가 보세요

ㄱ	
가격	price
가깝다	to be close
가끔	sometimes
가다	to go
가르치다	to teach
가방	bag
가볍다	to be light
가수	singer
가을	fall/autumn
가장	the most
가져가다	to take with
가져오다	to bring
가족	family
가평역	Gapyeong Station
간식	snack
간호사	nurse
갈비탕	*galbitang*
갈아타다	to transfer
강	river
강남역	Gangnam Station
같다	to be the same
같이	together
개월	month(s) (counter)
거기	there
거의 안	almost never
걱정(을) 하다	to worry
건강하다	to be healthy
건너다	to cross
건너편	across from
걷다	to walk
걸리다	to take (time)

걸어서	on foot
게임(을) 하다	to play a (video/computer) game
겨울	winter
결혼(을) 하다	to marry
결혼식	wedding
경복궁	Gyeongbokgung Palace
경찰관	police officer
계단으로 내려오다	to go down the stairs
계단으로 올라가다	to go up the stairs
계산하다	to pay
계속	continue
계시다	to be (formal)
계절	season
계획을 세우다	to make plans
계획이 없다	to have no plans
계획이 있다	to have plans
고기	meat
고르다	to choose
고모	paternal aunt
고백(을)하다	to confess (one's feelings)
고속버스	express bus
고속버스터미널	express bus terminal
고향	hometown
공부(를) 하다	to study
공사하다	to perform construction
공연	concert, show
공연(을) 보다	to see a show/concert
공원	park
공책	notepad
공항	airport
과일	fruit

과장님	assistant chief manager
관광학	tourism (university dept.)
괜찮다	to be okay
교실	classroom
교통	transportation
교통약자 배려석	priority seating (for the weak or elderly)
교통카드	transportation card
구(아홉)	9
구경(을) 하다	to look around
구두	dress shoes
구름이 끼다	to be cloudy
구십	90
군대에 가다	to go to the army
권	book (counter)
귀엽다	to be cute
그곳	that place
그냥	just
그래서	that's why
그러니까	so
그러면	then
그럼	then
그렇지만	however, but
그릇	bowl (noun & counter)
그리고	and, also
그림을 그리다	to draw a picture
그제/그저께/엊그제	day before yesterday
극장	theater
근처	area
금요일	Friday
기념품	souvenir
기다리다	to wait
기대되다	to look forward to

기분	mood, feeling
기쁘다	happy
기사	driver
기자	journalist, reporter
기차	train
기차역	train station
길거리	street
길다	to be long, to be tall
길이 막히다	to have a lot of traffic
김밥	*gimbap*
김치찌개	*kimchi jjigae*
깨끗하다	to be clean
꼭	surely, undoubtedly
꽃	flower
꽃구경(을) 하다	to go see the flowers
꽃이 피다	to bloom (a flower)
끄다	to turn off
끝나다	to be finished, to end (passive)
ㄴ	
나가는 곳	exit
나가다/나오다	to leave, to go out
나라	country
나무	tree
나쁘다	to be bad
나흘	4th day
낙엽이 떨어지다	to fall (the autumn leaves)
날씨가 나쁘다	to have bad weather
날씨가 좋다	to have good weather
날씬하다	to be thin
남다	to be remaining
남동생	younger brother
남이섬	Nami Island

남자 친구	boyfriend	눈이 그치다	to stop snowing
낮	day	눈이 내리다	to snow
낮다	to be low	눈이 오다	to snow
낮잠	nap	눕다	to lie down
내년	next year	느리다	to be slow
내려가다	to go down, to descend	늦게	late
내리다	to lower	늦다	to be late
내일	tomorrow	늦잠(을) 자다	to sleep in, to wake up late
냉면	*naengmyeon*	ㄷ	
넓다	to be wide, to be vast	다	all
넣다	to put	다녀오다	to go and come back
네 달	four months	다니다	to attend
년(몇 년)	year (which year)	다르다	to be different
노래(를) 하다	to sing (a song)	다양하다	to be various
노래방	noraebang, karaoke room	다음 달	next month
노력(을) 하다	to try, to make an effort	다음 주	next week
노선도	route map	다음 주말	next weekend
노트북	laptop, notebook computer	단말기	card reader
녹차	green tea	단어	vocabulary word
논현역	Nonhyeon Station	단풍 구경을 가다	to go see the fall foliage
놀다	to hang out, to play	단풍이 들다	to have the leaves turn (in the fall)
놀이 기구	amusement ride	닫다	to close
놀이공원	amusement park	달다	to be sweet
높다	to be high	닭갈비	*dakgalbi*
높임말	formal language	담배(를) 끊다	to stop smoking
놓치다	to miss	대다/찍다	to tap, to swipe (a card)
누구	who	대답하다	to answer
누나	older sister to a man	대사관	embassy
누르다	to press	대중교통	public transportation
눈	eye	더	more
눈사람을 만들다	to build a snowman	더럽다	to be dirty
눈싸움을 하다	to have a snowball fight	덥다	to be hot
		데이트(를) 하다	to go on a date

도서관	library
도와주다	to help
도착하다	to arrive
독일	Germany
돈	money
돈(을) 찾다	to withdraw money
돌아가다	to return to
돕다	to help
동대문 시장	Dongdaemun Market
동료	colleague, coworker
동물원	zoo
동사	verb
동생	younger sibling
된장찌개	*doenjang jjigae*
두 달	two months
뒤	back, behind
드라마	drama, TV show
드시다	to eat (formal)
듣기	listening
듣다	to listen
들어가는 곳	entrance
들어오다	to enter
등산(을) 하다	to go hiking
디저트	dessert
따뜻하다	to be warm
딸기	strawberry
땀이 나다	to sweat
떠들다	to talk a lot, to chatter
떡볶이	*tteokbokki*
똑바로(쭉)	straight ahead
ㄹ	
라면	ramyeon (Korean instant noodles)
러시아	Russia

롯데월드	Lotte World
ㅁ	
마다	every
마리	animal (counter)
마시다	to drink
마을버스	village bus
마트	grocery store, supermarket
만	only
만 원	10,000 KRW
만나다	to meet
만나서 반갑습니다.	It's a pleasure to meet you.
만들다	to make, to create
많다	to be many
많이	many
말레이시아	Malaysia
말씀하시다	to say (formal)
말하기	speaking
말하다	to say (neutral)
맑다	to be clear
맛없다	to not taste good
맛있다	to be delicious
맛집	a place that is good at what it makes
맞다	to be correct
매다	to put on, to wear (a belt)
매일	every day
매표소	ticket office, box office
맥주	beer
맵다	to be spicy
머리	head
머리를 하다	to get one's hair done
먹다	to eat
멋있다	to be cool or charming
메뉴	dish on a menu

면도(를) 하다	to shave
멕시코	Mexico
명	person/people (counter)
명동역	Myeongdong Station
명사	noun
모두	all, everyone
모레	day after tomorrow
모르다	to not know
모임	gathering
모자	hat, baseball cap
목소리	voice
목요일	Thursday
몸	body
못하다	to be unable to do
무겁다	to be heavy
무섭다	to be scary, to be scared
무엇	what
문	door
문구점	stationery store
문법	grammar
문화	culture
묻다	to ask
물	water
물건	item, belonging
물냉면	*mul naengmyeon*
뭘 드릴까요?	What can I get you?
미국	The United States
미루다	to push back
미리	in advance
미세먼지	fine dust
밑	under, beneath
ㅂ	
바꾸다	to change

바나나	banana
바다	ocean
바람이 불다	to blow (the wind)
바쁘다	to be busy
밖	outside
반갑다	to be grateful
받다	to receive, to get
밝다	to be bright
밤	night
밥	food, rice
방	room
방금	just now
방학	school vacation
방학(을) 하다	to go on school vacation
배	stomach
배(가) 고프다	to be hungry
배달(을) 시키다	to order delivery
배우	actor, actress
배우다	to learn
백	100
백 원	100 KRW
백만	1,000,000
백화점	department store
버스 정보 안내기	bus information board
버스 정류장	bus stop
번	number (counter)
번역(을) 하다	to translate
벌써	already
베트남	Vietnam
병	bottle
병원	hospital
보관함	locker
보내다	to send

보다	to see
보통	normally
봄	spring
부르다	to call
부모님	parent(s)
부산	Busan
부장님	department manager
부족하다	to not have enough
부탁(을) 하다	to ask a favor
북한산	Bukhan Mountain
분	minute (noun & counter)
분	person (counter)
분 전	minute(s) ago
분실물 센터	Lost and Found
불	fire
불고기	*bulgogi*
불편하다	to be uncomfortable
브라질	Brazil
비가 그치다	to stop raining
비가 내리다	to rain
비가 오다	to rain
비빔냉면	*bibim naengmyeon*
비빔밥	*bibimbap*
비슷하다	to be similar
비싸다	to be expensive
비자	visa
비행기	airplane
빌려주다	to lend
빌리다	to borrow
빠르다	to be fast
빨래(를) 하다	to do laundry
빨리	quickly
빵	bread

ㅅ	
사 개월	four months
사(넷)	4
사거리	4-way intersection
사과	apple
사귀다	to make friends
사귀다	to date, to go out with sb
사다	to buy
사당역	Sadang Station
사람	person
사십	40
사용하다	to use
사이	space (between)
사이다	lemon-flavored soda
사장님	business owner
사진	picture
사진을 찍다	to take a picture
사흘	three days
산	mountain
산책(을) 하다	to take a walk
살	fat
살	years-old (counter)
살다	to live
살을 빼다	to lose weight
삼 개월	three months
삼 주	three weeks
삼(셋)	3
삼겹살	*samgyeopsal*
삼계탕	*samgyetang*
삼십	30
삼촌	unmarried uncle
새벽	wee hours of the morning

샌드위치	sandwich	쉽다	to be easy
생신	birthday (formal)	슈퍼마켓	supermarket
생일	birthday (neutral)	스케이트를 타다	to go ice skating
생활	life, lifestyle	스키를 타다	to go skiing
샤워(를) 하다	to shower	슬프다	to be sad
서점	bookstore	승강장	taxi stand, platform
선물(을) 하다	to gift	승차권 발매기	ticket machine
선배	senior colleague	시간	time
선생님	teacher	시간	hour(s) (counter)
선착장	dock, wharf	시간이 없다	to have no time
선풍기를 켜다	to turn on a fan	시간이 있다	to have time
설거지(를) 하다	to do the dishes	시계	clock
세 달	three months	시끄럽다	to be noisy
세수(를) 하다	to wash one's face	시내버스	intracity bus
소개(를) 하다	to introduce	시다	to be sour
소주	soju	시원하다	to be cool
소파	sofa	시작하다	to start
손님	guest	시장	market
손잡이	handle, doorknob	시차	time difference
쇼핑몰	shopping center	시청	city hall
쇼핑하다	to shop	시청역	City Hall Station
수박	watermelon	시험	test, exam
수업 시간	class time	시험에 떨어지다	to fail a test
수업(을) 듣다	to take a class	시험을 보다	to take a test
수영(을) 하다	to swim	식당	restaurant
수영장	swimming pool	식사(를) 하다	to have a meal
수요일	Wednesday	신나다	to be excited
숙소	accommodations	신논현역	Shinnonhyeon Station
숙제(를) 하다	to do homework	신다	to wear (shoes)
순환 버스(셔틀버스)	shuttle bus	신문	newspaper
술을 마시다	to drink alcohol	신발	shoes
쉬다	to rest, to relax	신호등	traffic light

싫다	to dislike
싫어하다	to dislike
심하다	to be severe
심심하다	to be bored
십 원	10 KRW
십(열)	10
십구(열아홉)	19
십만	100,000
십사(열넷)	14
십삼(열셋)	13
십오(열다섯)	15
십육(열여섯)	16
십이(열둘)	12
십일(열하나)	11
십칠(열일곱)	17
십팔(열여덟)	18
싱가포르	Singapore
싱겁다	to be bland tasting
싸다	to be cheap
싸우다	to fight
쌀쌀하다	to be chilly
쓰다	to wear (a hat or eyeglasses)
쓰다	to write
쓰다	to be bitter
쓰레기	garbage
쓰레기를 버리다	to throw out the trash

ㅇ	
아까	just before
아래	below
아르바이트(를) 하다	to work a part-time job
아르바이트생	part-timer
아름답다	beautiful
아마	perhaps, maybe

아메리카노	Americano
아버지	father
아이	child
아이스크림	ice cream
아주	very
아직	not yet
아침	morning, breakfast
아파트	apartment
아프다	to hurt, to be sick
안	not
안경	eyeglasses
안내 방송	announcement
안내소	information desk
안전띠	seat belt
앉다	to sit
알겠어요.	All right.
알다	to know
앞	in front of
앞으로	going forward, from now on
액션 영화	action movie
앱	mobile app
야근	staying late at the office
야근(을) 하다	to stay late at the office
야채	vegetable
약	medicine
약국	pharmacy
약속	promise, plans (to meet someone)
약속 시간	meetup time
약속 장소	meetup spot
약속에 늦다	to be late to plans
약속을 잡다	to make plans
약속을 정하다	to settle plans

약속을 지키다	to keep one's promise
약속이 있다/없다	to have plans/ to not have plans
약속하다	to promise
어때요?	How is it?
어떻게	how
어렵다	to be difficult
어머니	mother
어서 오세요.	Come in.
어제	yesterday
어학당	university language school
언니	older sister to a female
언제	when
얼마	how much
-에	to, at, by
에버랜드	Everland
에베레스트 산	Mt. Everest
에어컨을 켜다	to turn on the air conditioner
엘리베이터	elevator
여권	passport
여기	here
여기에서	here
여기저기	here and there
여동생	younger sister
여러분	everyone
여름	summer
여자 친구	girlfriend
여행(을) 하다/가다	to go on a trip
역삼역	Yeoksam Station
연습	practice
연습하다	to practice
열다	to open

영국	England, The United Kingdom
영상통화	video call
영화	movie
영화관	movie theater
영화표	movie ticket
옆	next to, beside
예쁘다	to be pretty
예약(을) 하다	to make a reservation
오(다섯)	5
오늘	today
오른쪽	right
오만 원	50,000 KRW
오백 원	500 KRW
오빠	older brother to a female
오션월드	Ocean World
오십	50
오십 원	50 KRW
오전	morning
오천 원	5,000 KRW
오토바이	motorcycle
오후	afternoon
올라오다	to go up
올해	this year
옷	clothing
옷가게	clothing store
외국인	foreigner (non-Korean)
외국인등록증	Alien Registration Card
외식(을) 하다	to eat out
외우다	to memorize
왼쪽	left
요금	fare
요리	prepared food
요리(를) 하다	to cook

요리사	chef
요일	day of the week
요즘	these days
용산역	Yongsan Station
우리	our
우산	umbrella
우유	milk
우회전	right turn
운동장	athletics complex
운동(을) 하다	to exercise
운전(을) 하다	to drive
울다	to cry
워터파크	water park
월	month
위	above
유명하다	to be famous
유학생	exchange student
유학을 가다	to leave for study abroad
유학(을) 하다	to study abroad
유행	trend
육(여섯)	6
육십	60
은행	bank
음료수	beverage
음식	food
음악	music
의사	doctor
의자	chair
이 개월	two months
이 주일	two weeks
이(둘)	2
이곳	this place, here
이따(가)	shortly

이를 닦다	to brush one's teeth
이름	name
이모	maternal aunt
이번 달	this month
이번 주	this week
이번 주말	this weekend
이사(를) 하다	to move house
이십(스물)	20
이야기하다	to talk
이용권	voucher
이용하다	to use
이태원역	Itaewon Station
이틀	two days
인	person/people (counter)
인기가 많다	to be popular
인도	India
인분	portion
인터넷	Internet
일 개월	one month
일	day
일	work
일	matter
일(하나)	1
일기(를) 쓰다	to write a diary entry
일본	Japan
일본어	Japanese
일어나다	to get up
일요일	Sunday
일주일	one week
일찍	early
일하다	to work
읽다	to read
입다	to wear (clothing)

입장권	admission ticket
입장하다	to enter
입학(을) 하다	to enroll in a school
잊어버리다	to forget

ㅈ

자동차	car
자르다	to cut
자리	spot
자전거	bicycle
자주	frequently
작년	last year
작다	to be small
잔	glass, cup
잔액	balance
잘못 타다	to get on the wrong bus or train
잘하다	to do well
잠깐만 기다리세요.	Please wait a moment.
잠을 자다	to sleep
잡다	to grab
잡수시다	to eat (formal)
장(을) 보다	to go grocery shopping
재료	ingredients
재미없다	to not be fun
재미있다	to be fun
저	I
저곳	that place, over there
저기	over there
저녁	night
적다	to be few
전에	previously
전혀 안	never
전화를 받다	to get a phone call

전화번호	phone number
점심	lunch
점심시간	lunchtime
점원	shop clerk
정말	really
정원	garden
정하다	to decide on
제일	most
제주도	Jeju Island
조금	a little
졸업(을) 하다	to graduate
좀	a little
좁다	to be narrow
좋다	to be good
좋아하다	to like
좌석	seat
좌회전	left turn
주다	to give
주말	weekend
주말 잘 보내다	to have a nice weekend
주무시다	to sleep (formal)
주문(을) 하다	to order
주부	housewife
주스	juice
주차장	parking lot
주차하다	to park
준비(를) 하다	to prepare
줄	line
줄을 서다	to stand in a line
중국	China
중국어	Chinese
즐겁다	to enjoy
지각하다	to be late

지갑	wallet		천천히	slowly
지금	right now		청소하다	to clean
지나다	to pass		청혼(을) 하다	to propose, to get engaged
지나치다	to pass by, to be excessive		초대(를) 하다	to invite
지난 주말	last weekend		초콜릿	chocolate
지난달	last month		촬영지	film set
지난주	last week		추천(을) 하다	to recommend
지내다	to spend (time)		축제	festival
지하	underground		축하(를) 하다	to congratulate
지하철	subway		춘천	Chuncheon
지하철 출구/입구	subway entrance/exit		출구	exit
지하철역	subway station		출근(을) 하다	to go to work
직업	occupation		출발하다	to depart
직원	employee		출입국 관리 사무소	immigration office
질문(을) 하다	to ask a question		출장	business trip
집	house		출퇴근	commute
집들이(를) 하다	to have a housewarming party		춤(을) 추다	to dance
집안일(을) 하다	to do house chores		춥다	to be cold
짜다	to be salty		충전하다	to refill or recharge
짧다	to be short		취소하다	to cancel
쯤	about, around		취직하다	to get a job
찜질방	*jjimjilbang*, Korean sauna		치킨	fried chicken
ㅊ			친구	friend
차	car		친절하다	to be kind
차	tea		칠(일곱)	7
창문	window		칠십	70
찾다	to search for		침대	bed
책	book		ㅋ	
책상	desk		카페	café
처음	first time		캐나다	Canada
천	1,000		캔	can
천 원	1,000 KRW		커피	coffee

커피숍	coffee shop
컴퓨터	computer
케이크	cake
케이팝	K-pop
코미디 영화	comedy movie
콘서트장	concert hall
콜라	cola soda
크다	to be big
키	height
키가 작다	to be short
키가 크다	to be tall

ㅌ

타다	to ride in
태국	Thailand
택시	taxi
택시 정류장	taxi stand
텔레비전 (티브이)	television (TV)
토요일	Saturday
통화(를) 하다	to make a phone call
퇴근 시간	time that work ends
퇴근(을) 하다	to leave work for the day
트럭	truck
특히	especially, particularly

ㅍ

파티	party
파티(를) 하다	to have a party
팔(여덟)	8
팔다	to sell
팔십	80
팥빙수	*patbingsu*
퍼레이드	parade
펜	pen
편의점	convenience store

편지	letter
편하다	to be comfortable
평일	weekday
포기(를) 하다	to give up
푹	(sleep) long or well
프랑스	France
프러포즈(를) 하다	to propose
피곤하다	to be tired
피우다	to bloom, to burn
피자	pizza
필요하다	to need

ㅎ

하루	one day
하지만	but
하차 벨	button to disembark
학교	school
학생	student
학원	private institute
한 달	one month
한가하다	to have a lot of free time
한국	South Korea
한국어	Korean
한국어 능력 시험	Test of Proficiency in Korean (TOPIK)
한복	hanbok
할머니	grandmother
할아버지	grandfather
할인	discount
함께	together
합격(을) 하다	to be accepted
항상	always
해외여행	trip abroad
햄버거	hamburger
헬스장	gym, fitness center

형용사	adjective
호선	(rail) line
호수	lake
호주	Australia
혼자	alone
홍대	Hongdae
화요일	Tuesday
화장(을) 하다	to do one's makeup
화장실	bathroom
화장품	cosmetics, makeup
화해하다	to reconcile
회사	company
회사원	office worker
회의(를) 하다	to have a meeting
횡단보도	pedestrian crosswalk
후배	junior colleague
후식	dessert
휴가	vacation
휴대폰	cell phone
휴지	tissue
흐리다	to be cloudy, murky
힘들다	to be hard